2025

旭化成グループの就活ハンドブック

就職活動研究会 編
JOB HUNTING BOOK

は じ め に

　2021年春の採用から，1953年以来続いてきた，経団連（日本経済団体連合会）の加盟企業を中心にした「就活に関するさまざまな規定事項」の規定が，事実上廃止されました。それまで卒業・修了年度に入る直前の3月以降になり，面接などの選考は6月であったものが，学生と企業の双方が活動を本格化させる時期が大幅にはやまることになりました。この動きは2022年春そして2023年春へと続いております。

　また新型コロナウイルス感染者の増加を受け，新卒採用の活動に対してオンラインによる説明会や選考を導入した企業が急速に増加しました。採用環境が大きく変化したことにより，どのような場面でも対応できる柔軟性，また非接触による仕事の増加により，傾聴力というものが新たに求められるようになりました。

　『会社別就職ハンドブックシリーズ』は，いわゆる「就活生向け人気企業ランキング」を中心に，当社が独自にセレクトした上場している一流・優良企業の就活対策本です。面接で聞かれた質問にはじまり，業界の最新情報，さらには上場企業の株主向け公開情報である有価証券報告書の分析など，企業の多角的な判断・研究材料をふんだんに盛り込みました。加えて，地方の優良といわれている企業もラインナップしています。

　思い込みや憧れだけをもってやみくもに受けるのではなく，必要な情報を収集し，冷静に対象企業を分析し，エントリーシート作成やそれに続く面接試験に臨んでいただければと思います。本書が，その一助となれば幸いです。

　この本を手に取られた方が，志望企業の内定を得て，輝かしい社会人生活のスタートを切っていただけるよう，心より祈念いたします。

就職活動研究会

Contents

第1章 旭化成グループの会社概況　　3

グループ理念 ……………………………………………… 4

会社データ ………………………………………………… 5

仕事内容 …………………………………………………… 6

先輩社員の声 ……………………………………………… 8

募集要項 …………………………………………………… 9

採用の流れ ………………………………………………… 13

2023年の重要ニュース …………………………………… 14

2022年の重要ニュース …………………………………… 16

2021年の重要ニュース …………………………………… 18

就活生情報 ………………………………………………… 20

有価証券報告書の読み方 ………………………………… 30

有価証券報告書 …………………………………………… 34

第2章 資源・素材業界の"今"を知ろう　　143

資源・素材業界の動向 …………………………………… 144

ニュースで見る資源・素材業界 ………………………… 151

資源・素材業界の口コミ ………………………………… 159

資源・素材業界　国内企業リスト ……………………… 165

第3章 就職活動のはじめかた　　179

第1章

旭化成グループの会社概況

会社によって選考方法は千差万別。面接で問われる内容や採用スケジュールもバラバラだ。採用試験ひとつとってみても，その会社の社風が表れていると言っていいだろう。ここでは募集要項や面接内容について過去の事例を収録している。

また，志望する会社を数字の面からも多角的に研究することを心がけたい。

✔ グループ理念

"いのち" と "くらし" を想い続ける。
一世紀前から変わらない旭化成の理念。

旭化成は人類の幸福への願いを胸に、「人びとがよりよい生活を実現できるよう、最も良い生活資材を、豊富に低価格で提供すること」を目指して創業されました。それから約一世紀、時代環境によって社会が求めるものは変わりましたが英知でこれに応えてきました。社会の変化を先取りして挑戦すること、そして自らも変化していくこと、それが創業以来変わることのない旭化成のあり方です。

グループミッション

私たちは何のために存在しているのだろう。

私たち旭化成グループは、
世界の人びとの "いのち" と "くらし" に貢献します。

グループミッションとは：旭化成グループの普遍的な「存在意義」。時代環境や社会の求めるものが変わっても、変わることなく、旭化成グループとして永遠に追求し続けるもの。それは世界の人びとを想い続けることに他なりません。

グループビジョン

私たちはどこへ向かっていくのだろう。

「健康で快適な生活」と「環境との共生」の実現を通して、
社会に新たな価値を提供していきます。

グループビジョンとは：旭化成グループの「目指す姿」。それはミッションを基盤としながら、時代の要請に合わせて目指していく事業活動の方向性です。

グループバリュー

旭化成らしさって何だろう。

「誠実」誰に対しても誠実であること。
「挑戦」果敢に挑戦し、自らも変化し続けること。
「創造」結束と融合を通じて、新たな価値を創造すること。

グループバリューとは：旭化成グループで働く人財が必ず持つべき「共通の価値観」。多様な人財に共通する、ミッション追求の過程における基本的な姿勢です。

グループスローガン

明日の世界を想像し続ける。すると、つくるべきものが見えてくる。

Creating for Tomorrow

私たち旭化成グループの使命。それは、いつの時代でも世界の人びとが "いのち" を育み、より豊かな "くらし" を実現できるよう、最善を尽くすこと。創業以来変わらぬ人類貢献への想いを胸に、次の時代へ大胆に応えていくために、私たちは、昨日まで世界になかったものを創造し続けます。

✔ 会社データ

創業	1922年5月25日
設立年月日	1931年5月21日
本社	東京都千代田区有楽町一丁目1番2号 日比谷三井タワー
資本金	103,389百万円
発行済株式数	1,393,932千株
総資産(連結)	3,454,526百万円
決算期	3月31日
従業員数(連結)	48,897人
電話番号(代表)	03-3296-3000

2023年3月31日現在

✔ 仕事内容

技術系職種

旭化成は、創業以来「化学」にとどまらず、技術を独自に融合し新しい挑戦をくり返し、時代の変遷に応じて、繊維、住宅・建材、医薬・医療、エレクトロニクスなど、多彩な事業を展開し、進化してきました。さらには環境・エネルギー分野へも展開を拡げ、技術領域も「科学」を包括するものになってきています。その推進力となったのは、「昨日まで世界になかったものを。」という、開拓精神と "いのち" と "くらし" に貢献したいという強い「想い」。自分の「想い」を大切にし、それぞれのテーマに挑む、一人ひとりの技術者たち。「想い」を大切にし、挑戦する技術者にとって、魅力的な環境と活躍のフィールドが旭化成グループにはあります。

事務系職種

企画営業

担当する「素材」「製品」の機能や性能を最大限に発揮させるためのマーケティングを考え、研究所や工場の技術者を巻き込みながら、市場を開拓していくことが仕事です。単なる「販売」とは一線を画し、『マーケッター』であり『プロデューサー』の役割を担います。樹脂、化成品、繊維、電子材料、部品、医療機器など分野は違っても、会社の代表としてユーザーに魅力ある提案をしながら、事業を拡大していく点においては同じであり、活動の舞台は国内のみならず世界中に広がっています。

事業企画

事業の現状分析や動向を把握し、マネジメントの視点で事業運営に関わります。世界を視野に入れた製造・販売拠点の展開、合弁会社の設立、事業提携の企画・立案などに携わり、経営トップに近いポジションで、自社の事業運営の舵取りをする仕事です。

経理・財務

グローバルかつ、多岐に渡り事業展開する会社の全体像を把握し、グループ連結決算や経営資源の最適配分を担います。財務諸表を作成する財務会計、予算から事業管理を行う管理会計、グループ全体の資本効率向上を図る財務の仕事

など活躍の場は幅広くなっています。

購買・物流

グローバルな視野を持ち、生産活動に必須の原料や設備を安価・安定的に調達する活動や、製品を安全かつ適切に顧客に提供する活動を通じて、事業の屋台骨を支えます。環境変化の激しい世界で、サプライチェーンの戦略的な構築について考え、実践する役割を担っています。

人事

単に決まったルールを運用するのではなく、採用、評価、配置、人財育成などに関し、目的にかなう新しい仕組みを自ら企画・立案し、運営する仕事です。各工場地区の従業員の人事労務管理や、これから必要となる人財育成を目的とする教育プログラムの企画など、会社全体の先を見越し、「人」が生き生きと働く仕組みを作ることがミッションです。

法務

契約や訴訟に関し、法律のスペシャリストとして会社が行う事業をサポートします。海外企業との法律面での折衝、法律紛争の解決などに取り組むケースも多くなっています。

IT エンジニア

事業や製品の PR 戦略の立案や PR 企画の具体化など営業やマーケティングのDX 推進を行います。(*IT エンジニア：データサイエンティスト、デジタルマーケター、マーケティングリサーチャー、UX/UI デザイナー)

✔ 先輩社員の声

【研究・開発／2011年入社】
音に魅了され，旭化成の門を叩く

国内の大学を経て，英国留学したＡさん。彼を突き動かしたのは「音への飽くなき興味」
だった。留学先は，音響工学の分野では世界的に知られる大学。音響技術者への登竜
門だ。ところが，音づくりについて深く学ぶうちに，「人間はなぜ音が聞こえるのか」
といったような根源的な問題に興味の対象が移る。そこで音声認識の分野で実績のあ
る国内の大学院で修士過程に進んだ。そして就職活動の時期を迎えると，Ａさんには
「音の技術で世界を変えられないか」，という野心が芽生えていた。絶好のタイミング
で学内の会社説明会があり，そこで旭化成が化学だけでなく，音声認識事業も手掛け
ており，それらを医療や住宅分野にも発展させようとしていることを知る。面接を受
けると，「この会社なら今まで音だけで掘り下げてきた専門性を，もっと広い世界で
活用できる」と確信し，入社を決めた。
実際に，数多くの領域で基礎研究を進めている旭化成は，音声認識技術についても有
数の研究実績を残している。自社開発した音声認識ミドルウェアの「VORERO」は，
既に車載機器・携帯機器・家電機器などに組み込まれ，他にも生体信号を対象にした
ヘルスケア技術の研究開発が進んでいる。

目指すのは診断プロセスの一大変革

新たな領域の扉を開くことで，視野は格段に広がっていくものだ。Ａさんも，医学に
関する知識を習得したことにより，医療に貢献するという目的のためには音だけにこ
だわらないようになってきた。身体が発する音は数ある生体信号のひとつ。今後はさ
まざまな生体信号を扱える診断システムのエキスパートになりたいと言う。
「まずは心音解析をベースに，心臓疾患を聴診器並の手軽さで正確に発見するシステ
ムを目指しますが，いずれあらゆる疾病の初期症状をさまざまな生体信号の認識技術
で察知する検診システムへと昇華させたいと考えています。人間には見えない病気の
兆候を察知し，病気になる前に診断と処置を終わらせる，究極の健康社会を実現した
いのです」
こうした高くそびえる目標に果敢に挑むＡさんにとって，旭化成で行う研究開発に
は特有の魅力があると言う。
「ここには私以上に音声認識を極めた先輩や，データ解析のスペシャリストなど，高
度な技術を持った仲間が多数在籍しています。また，旭化成が多彩な事業領域を持つ
ことから，幅広い視野で事業展開を考えながら研究できるのも強みです。今後は社外
との技術融合も積極的に進め，今必要な技術を一日でも速く病床へ届け，人びとの健
康に貢献していきたいと考えています」

✔ 募集要項

掲載している情報は過去ものです。
最新の情報は各企業のHP等を確認してください。

総合職

応募対象者	2025年3月までに大学もしくは大学院を卒業予定で、博士号を取得予定の方が対象です。 注)修士・学部の方向けの選考も順次ご案内予定です。ご案内までしばらくお待ちください。
募集職種	■技術職種　研究・開発、生産技術開発、知的財産、技術営業など 化学・化工系：研究・開発、生産技術開発、医療材料・機器開発、技術営業など バイオ系：研究・開発、生産技術開発、臨床開発、医療材料・機器開発など 電気・物理・情報系：研究・開発、回路設計開発、半導体デバイス開発、技術営業、生産技術開発、ITエンジニア(*)など (*データサイエンティスト、ソフトウェアエンジニア、サイバーセキュリティガバナンスオフィサー、UX/UIデザイナーetc) 機械系：生産技術開発、プラントエンジニアリング、医療材料・機器開発など 建築・土木系：研究・開発、技術営業、プラントエンジニアリングなど ■MR　医薬品営業
募集会社	採用選考は旭化成(株)で一括して行い、配属に関しては選考時にご本人の希望と適性を確認し決定いたします。 なお下記各社の人事制度・処遇体系は共通です。 旭化成(株)：新規事業開発、エンジニアリング事業、石油化学事業、繊維事業、電子材料事業 旭化成エレクトロニクス(株)：電子部品事業 旭化成ファーマ(株)：医薬事業 旭化成メディカル(株)：医療機器事業 旭化成建材(株)：建築材料事業
初任給	博士：302,440円 (2023年4月実績、諸手当別途支給)

諸手当	家族手当，通勤手当，住宅手当，勤務地手当など 昇給：年1回　　賞与：年2回
勤務時間	実働7時間45分（一部フレックスタイム制度有）
休日	週休日：年間の土曜日および日曜日のすべて　※ただし業務の都合により部署を定め、他の曜日に定める場合もあり。 指定休：年間17日　※原則として年末年始（12月31日～1月3日）と国民祝祭日のいずれかに指定。
休暇	年次有給休暇（初年度15日、最高20日）、年末年始休暇、慶弔休暇、介護休暇、リフレッシュ休暇、転居休暇など
勤務地	本社：東京 拠点：大阪（大阪府）、名古屋（愛知県）、延岡（宮崎県）、富士（静岡県）、水島（岡山県）、川崎（神奈川県）、厚木（神奈川県）、鈴鹿（三重県）、守山（滋賀県）など 海外：上海・北京・台北・ソウル・バンコク・ムンバイ・ニューヨーク・デュッセルドルフ・シンガポールなど
育児支援	育児休業制度（最長3年）、育児短時間制度、キッズサポート制度、家族看護制度など
福利厚生	雇用保険・労災保険・厚生年金・健康保険、独身寮、社宅完備、福祉共済会制度（共済生保、医療共済、がん保険　ほか）、財形制度、社員持株制度、全国各地リゾート施設、各種フィットネス施設と法人契約など
教育制度	海外派遣・留学制度（会社指名制・公募制）、社内英語研修、通信教育補助、語学学校・ビジネススクール通学費用補助、公的資格取得費用補助、検定試験受験費用補助ほか

専門職

応募対象者	2024年3月までに専門学校、高等専門学校 (本科、専攻科)、大学を卒業予定の方が対象です。
募集職種	■技術系 化学・物質・生物系：製造、製品開発、生産技術開発、品質管理など 機械系：設備保全・設計、製品開発、生産技術開発、プラント建設など 電気・制御・情報系：設備保全・設計、システム開発・保守、生産技術開発など 土木系：プラント建設、インフラ設備更新など ■事務系 (カッコは初任配属勤務予定地) 購買 (三重県鈴鹿市) 物流 (東京都) 給与事務 (宮崎県延岡市) 経理 (滋賀県守山市)
募集会社	採用選考は旭化成(株)で一括して行い、配属に関しては選考時にご本人の希望と適性を確認し決定いたします。 なお下記各社の人事制度・処遇体系は共通です。 旭化成 (株)：石油化学事業、繊維事業、電子材料事業、エンジニアリング事業、新規事業開発 旭化成建材(株)：建築材料事業 旭化成エレクトロニクス (株)：電子部品事業 旭化成メディカル (株)：医療機器事業
初任給	高等専門学校本科卒・専門学校卒：193,970円 高等専門学校専攻科卒・大学学士卒：203,380円 大学修士卒：225,560円 (2022年4月実績、諸手当別途支給)
諸手当	家族手当，通勤手当，住宅手当，勤務地手当など 昇給：年1回　　賞与：年2回
勤務時間	(日専) 8:00～16:45　又は　9:00～17:45　など 実働7時間45分 (4組2交代) 7:30～20:00　20:00～7:30　など
休日	(日専) 年間121日 (週休2日制、祝祭日、年末年始休) (交代) 年間189日 (シフト休・分散指定休)

休暇	年間年次有給休暇（初年度15日、最大20日）、結婚休暇、リフレッシュ休暇、家族看護休暇、介護休暇など
勤務地	本社：東京 支社：延岡（宮崎県）・富士（静岡県）など 製造所：川崎（神奈川県）・鈴鹿（三重県）・守山（滋賀県）・倉敷（岡山県）・延岡（宮崎県）など
育児支援	育児休業制度（最長3年）、育児短時間制度、キッズサポート制度、家族看護制度など
福利厚生	独身寮、社宅完備、福祉共済会制度（共済生保、医療共済、がん保険 ほか）、財形制度、社員持株制度、全国各地リゾート施設、各種フィットネス施設と法人契約など
教育制度	入社研修、階層別研修、各種技能研修、公的資格取得費用補助、検定試験受験費用補助、各種通信教育補助、語学学校・ビジネススクール通学費用補助など

✔ 採用の流れ （出典：東洋経済新報社『就職四季報』）

エントリーの時期	【総・技】3月～未定
採用プロセス	【総】ES提出・Webテスト（3月～）→面接（2～4回，6月～）→内々定（6月） 【技】ES提出・Webテスト（3月～）→面接（2～3回，6月～）→内々定（6月）

採用実績数				
	大卒男	大卒女	修士男	修士女
2022年	19 （文：19 理：0）	18 （文：16 理：2）	84 （文：0 理：84）	15 （文：0 理：15）
2023年	27 （文：22 理：5）	22 （文：19 理：3）	97 （文：1 理：96）	11 （文：2 理：9）
2024年	25 （文：25 理：0）	19 （文：17 理：2）	101 （文：1 理：100）	33 （文：0 理：33）

採用実績校

【文系】
（大学院）北海道大学，東京大学，筑波大学，お茶の水女子大学，東京理科大学，名古屋大学，神戸大学
（大学）北海道大学，東北大学，東北大学，一橋大学，お茶の水女子大学，名古屋大学，大阪大学，大阪公立大学，早稲田大学，慶應義塾大学，青山学院大学，上智大学　他
【理系】
（大学院）北海道大学，札幌市立大学，東北大学，筑波大学，東京大学，東京工業大学，東京都立大学，東京農工大学，千葉大学，横浜国立大学，静岡大学，静岡県立大学，名古屋大学，金沢大学，京都大学，奈良先端科学技術大学院大学，奈良女子大学，大阪大学，大阪公立大学，神戸大学，広島大学，九州大学，九州工業大学，熊本大学，大分大学，宮崎大学　他

✔2023年の重要ニュース (出典：日本経済新聞)

■旭化成、植物由来エタノールで化学品　27年実用化目指す（1/20）

　旭化成は20日、植物由来のバイオエタノールから化学品をつくる技術を2027年にも実用化したい考えを明らかにした。車の部材やレジ袋など樹脂の基礎原料をつくる。今はほとんどが石油からつくっているため、二酸化炭素（CO_2）排出量を減らせる。

　同日開いたサステナビリティ説明会で明らかにした。トウモロコシやサトウキビなどを主な原料とするバイオエタノールから、基礎化学品であるエチレンやプロピレン、ベンゼンなどをつくる。バイオエタノールは安価で、石油由来のナフサを熱分解してつくる手法に比べ、製造に必要なエネルギー量を減らすこともできるという。

　化学業界は、産業部門別で鉄鋼業に次いで2番目に温暖化ガスの排出量が多い。工藤幸四郎社長は「化学産業はネガティブに捉えられるが、原料をバイオマスに変えるなどポテンシャルは高い」と話す。

　原料調達や生産で生じるCO_2排出量を追跡して表示する「カーボンフットプリント」開示を進めるため、23年度から独自の算出システムを導入する方針も示した。自社工場などから直接排出する「スコープ1」のほか、電気使用などに伴う間接排出「スコープ2」、原材料、輸送、販売などの「スコープ3」の一部までを対象にする。

■旭化成、蓄電装置事業に再参入　ライセンス提供で（7/27）

　旭化成は蓄電装置事業に再参入した。「リチウムイオンキャパシタ」と呼ぶ製品で、製造技術のライセンス提供を始めた。2015年に同事業の製造販売からは撤退していたが、事業モデルを変えて改めて需要を掘り起こす。

　キャパシタは電池に比べて蓄電量は少ないものの、急速充放電ができる特徴がある。旭化成は電子部品を手掛けるFDKと2011年に折半出資会社を設立し、製造・販売をしていた。ただ、製造コストなどが課題で15年に共同出資を解消した。旭化成は事業から一度撤退していたが研究開発は継続していた。

　旭化成のキャパシタは蓄電容量を高めることができる炭酸リチウムを部材に使うことが特徴。このほど、部材の金属箔に穴を開ける工程を不要とするなど、生産効率化につなげる技術を開発した。製造コストは従来品と比べ3割低減できる可能性があるという。

新技術では蓄電容量を従来品比3割高めただけでなく、充放電の性能も3割向上させることができる。より急速充電が可能となり、工場内の自動搬送車や再生可能エネルギー用の蓄電池との併用などの需要が見込めると判断した。

　ノウハウのライセンス販売とすることで、投資リスクを低減しながら事業化できるとして再参入を決めた。蓄電装置メーカーにまず提供を始めた。

　キャパシタはカーボンニュートラルに貢献する技術として近年注目を集めている。瞬間的なパワーが出せるだけでなく、電池と比べて劣化速度が遅いという特長もある。このため短距離の無人輸送車などで需要がある。停車駅ごとに急速充電できるインフラが整えば、バスなどの公共交通機関でもキャパシタだけで走ることができる。

　容量の大きいリチウムイオンキャパシタを巡っては、武蔵エナジーソリューションズ（山梨県北杜市）で、08年に世界で初めて量産化し、日本勢が先行してきた。

■旭化成、CO2と水から樹脂原料　石油使わず電気で生成（8/25）

　旭化成は二酸化炭素（CO2）と水からつくる樹脂原料の製造技術を実用化する。電気分解で生成する技術で、2026年に国内でまず小型設備を入れる。再生可能エネルギー由来の電力でつくれば樹脂製造時のCO2排出量が大きく減る。脱炭素に欠かせない新技術になる。

　電気分解でCO2と水から車や家電に使う樹脂原料となる「エチレン」をつくる。分離膜や電極のある装置の中に気体のCO2と電解液をいれ、電気を通すことで化学反応させ、エチレンを回収する仕組みだ。

　旭化成は反応に必要な分離膜で、水素製造や食塩電解技術で培ったノウハウがある。化学反応を促す触媒技術も強みだ。このほど、エチレンを生成する反応を促す最適な触媒にめどをつけた。

　まず26年に数十キロワットの電力を使う小規模な試験生産設備を国内に設け、30年をめどに1万キロワット級のシステムによる大規模な設備での生産を計画する。電力は再生可能エネルギー由来のものを使う想定だ。

　エチレンの製造量は年間数千トン規模で生産を目指す。45リットルのごみ袋換算で100万世帯以上が1年に使う量に相当する。35年までに量産技術を開発し、自社製造か外部への生産技術提供も含めて検討する。年間1万トン規模を超えるエチレン生産能力を視野に入れる。旭化成グループの年間のエチレン生産能力の2%に相当する。

✔2022年の重要ニュース <small>(出典：日本経済新聞)</small>

■旭化成次期社長・工藤幸四郎氏、祖業出身の「改革派」(1/28)

創業100年を迎えるなか、祖業の繊維畑のトップが誕生する。繊維部門は中韓勢との競争激化など時代の変化に合わせ構造を変えながら、生き残りを図ってきた。「今の旭化成も変革力が問われている」。自らのキャリアと重ね合わせた言葉に力がこもる。

旭化成の発祥地、宮崎県延岡市に生まれた。持ち前の明るさと行動力を生かし、子供の頃は野球部、高校と大学はハンドボール部の主将を務めた。就職活動ではほかの大手企業からも内定が出たが、出身地とのゆかりが深い旭化成に未来を感じ、迷いなく入社。繊維部門の海外営業として40カ国以上を飛び回り、交渉力を磨いた。

行動力が如実にあらわれたのが、繊維事業本部長だった18年に1200億円を投じた米自動車内装材会社、セージ・オートモーティブ・インテリアズの買収だ。同社は数年前に旭化成の協力会社を傘下に収めていた。工藤氏は自社との取引への影響を調べるためにセージを徹底的に調査。技術や従業員の質の高さを知ると「セージ自体を買収したほうがいい」と決断した。

米国に足しげく通い、セージやその親会社のファンドとの交渉をまとめた。この買収で旭化成の繊維部門は単純な素材に加え、付加価値を高めた製品群も手に入れた。「現場感覚を持ちながら判断し、実行に移してきた経験が豊富。事業の構想力もある」。小堀秀毅社長も工藤氏を後任に選んだ理由をこう語る。

「伝統は守るべからず、つくるべし」。大学時代の恩師に言われた言葉が座右の銘だ。世界的な脱炭素シフトで、二酸化炭素（CO_2）排出量が多い化学会社は事業構造の改革に迫られている。次の100年に向けた成長基盤の構築へ、祖業出身の改革派が挑む。

■医療や脱炭素に軸　3年で1兆円超投資の新中計 (4/11)

旭化成は11日、医療や水素製造など脱炭素に軸を置く2025年3月期までの3カ年の中期経営計画を発表した。投資額は1兆円超で、22年3月期までの3年間の計画に比べ25％多く、3カ年計画では過去最大。31年3月期をメドとする長期目標も示し、連結営業利益は22年3月期見込み比1.9倍の4000億円を目指す。

集中投資する成長分野として医療、水素事業など10テーマを示した。医療は心肺をはじめ重篤な疾患に関するビジネスを強化する。「ヘーベルハウス」を手掛

ける住宅事業の北米拡大などもテーマに据えた。M&A（合併・買収）も積極的に検討する。

マテリアル領域は電池部材に力を入れる。世界２位のシェアを誇るセパレーターや、ケース材に使う軽量な樹脂製品を強化する。水素の製造量で世界最大級となる装置を25年にも実用化するほか、二酸化炭素（CO_2）の回収、活用を進める。

25年３月期の営業利益は2700億円を目指す。10テーマで事業全体の50%超を占める。31年３月期には10テーマの比率を70%超へ伸ばす。10テーマには３年間で総投資額の約６割に当たる約6000億円を投じる。

記者会見では石油化学国内最大手の三菱ケミカルホールディングスが主導する石油化学事業の再編にも触れた。工藤幸四郎社長は自社設備の老朽化に触れた上で「（再編での連携に）門戸を開いている。日本の石化事業をどう進めるべきか真剣に考えたい」と話した。

化学品原料アクリロニトリルなど石油化学関連の営業利益について、22年３月期見通しから25年３月期には25%減の300億円になると示した。

同日発表した2030年の長期経営目標は、経営効率を示す自己資本利益率（ROE）が15%以上、事業活動に投じた資金でどれだけ利益を生んだかをみる「投下資本利益率（ROIC）」は10%以上と、それぞれ22年３月期見通しに比べて２ポイント超上積みする方針を掲げた。

■旭化成がCO2排出量開示、樹脂製品１万品目　EU規制対応（4/19）

旭化成は５月から自動車や家電向けの樹脂で原料の調達から生産までに排出した二酸化炭素（CO_2）の量を顧客に開示する。樹脂製品の５割強に当たる１万品目が対象だ。欧州連合（EU）は2027年から基準より排出量の多い一部の自動車部品などの輸入を禁じる方向で、顧客の車大手などが開示を求めている。脱炭素への対応力が化学メーカーの競争力を左右し始めた。

石油などを原料に使う化学産業はCO_2の排出量が多い。国際エネルギー機関（IEA）によると、世界の産業別排出量に占める比率は13%で鉄鋼とセメントに次ぐ水準だ。

EUは電気自動車（EV）などの電池について24年から排出量の算出を義務づける規則案を公表し、27年からは排出量が基準を超える製品の輸入を禁じる方向だ。鉄やアルミなどに「国境炭素税」も導入する構え。環境規制の緩い国からの輸入品に事実上の関税をかけ、26年にも負担を求める。

✔2021年の重要ニュース (出典：日本経済新聞)

■旭化成、宮崎で電池絶縁材の新工場（3/15）

旭化成は15日、リチウムイオン電池向けセパレーター（絶縁材）の新工場を宮崎県日向市に建設すると発表した。投資額は約300億円で2023年の稼働をめざす。グループの生産能力は約2割増強される。リチウムイオン電池素材は電気自動車（EV）市場が拡大するなか、車載向けの需要が伸びている。生産能力の増強で市場の伸びを捉えたい考えだ。

絶縁材は正極材と負極材、電解液と並ぶリチウムイオン電池の主要部材のひとつ。宮崎県日向市の既存工場内に建屋を新設する。生産する絶縁材は強度や安全性が特徴である「湿式」で、新工場の生産能力は年3.5億平方㍍。旭化成では滋賀県と米国にも生産拠点を持ち、増強を続けている。

需要が伸びる車載電池向けの絶縁材は中国勢も増産を続けている。19年には中国の上海エナジーが旭化成を抜き世界シェアでトップに立った。旭化成も生産能力の増強を通じて、中国勢などとの競争に対抗する方針だ。

■バイオ薬製造部材の生産増強　コロナで需要拡大（7/14）

旭化成子会社の旭化成メディカルは14日、バイオ医薬品などの製造工程で使うウイルス除去フィルター向け部材を手掛ける大分工場（大分市）の生産能力を2倍に増やすと発表した。新型コロナウイルスの感染拡大で治療薬やワクチンの製造向けの需要が高まっていることに対応する。2022年10〜12月に増強分の生産を始める。医薬品の製造工程で混入する恐れのあるウイルスを除去するために使う同社製フィルター向けの中空糸の生産能力を倍増させる。バイオ医薬品や感染症などの治療に使う血漿（けっしょう）分画製剤など向けの需要を見込む。

同社は大分市と宮崎県延岡市にウイルス除去フィルターの製造拠点を持つ。ここ数年のバイオ医薬品製造向けの需要の増加に対応し、19年には延岡市に新工場を稼働。新型コロナの影響で20年10月ごろから需要がさらに高まっており、大分工場の生産能力拡大で対応する。

■イスラエルの医療機器メーカー買収　590億円で（9/13）

旭化成は13日、イスラエルの医療機器メーカー「イタマー」を592億円で買収すると発表した。イタマーは睡眠時無呼吸症を在宅で診断できる機器を手がける。同社の2020年度の売上高は4103万㌦（約45億円）、最終損益は

1093万㌦の赤字だったが、旭化成は無呼吸症の関連市場が今後世界に広がると判断し、買収に踏み切った。

イタマーは 1997 年設立で、米ナスダックに上場している。10 日の終値は 20.6㌦で、50％のプレミアムを付けて 31㌦で買い取る。従業員数はおよそ 280 人。直近 5 年は赤字決算だったが、売上高は 2.2 倍に伸びている。旭化成は 12 年に子会社化した米国の医療機器メーカー、ゾール・メディカルを通じてイタマーを買収する。イタマーの診断機器は腕と指にセンサーをつけて使う。在宅で生活しながら血中酸素量や心拍数などを測り、独自のアルゴリズムで検査結果を出力し、無呼吸症かどうかを医師が診断できる。これまでは無呼吸症の疑いのある人は、入院して検査を受ける必要があった。旭化成によると、世界でおよそ 10 億人がなんらかの形で無呼吸症にかかっている可能性があり、手軽な診断機器は普及が見込めるという。

旭化成は医療機器や医薬品などのヘルスケア事業の売上高を 20 年度の 4000 億円から、25 年度に 6000 億円まで伸ばす目標を掲げている。化学品や住宅で安定して稼いだ資金をもとに、高い利益率が望める医療関連への投資を続けている。

■旭化成、中国大手と蓄電池部材で合弁　再エネで商機（9/26）

旭化成は中国大手と合弁で、リチウムイオン電池部材のセパレーターを 2022 年前半から現地生産する。同社の小堀秀毅社長が 17 日、事業説明会で発表した。中国では太陽光や風力などの再生可能エネルギーが急速に普及しており、余剰時の電気をためて電力を安定供給する蓄電池の需要が広がると判断した。現地メーカーと組むことで世界最大の中国市場を取り込む。

合弁相手はセパレーター世界最大手の上海エナジーで、22 年に中国江西省に工場を建てる。上海エナジーが 51％、旭化成が 49％を出資する。新工場では大型蓄電システム向けに低コストのセパレーターを作る。当初の生産能力は年間 1 億平方メートルで、28 年をめどに年間 10 億平方メートルまで引き上げる計画だ。

上海エナジーはコストを抑えた生産や中国客の開拓にたけている。旭化成は蓄電システム向きのセパレーターに強い米国メーカー、セルガードを傘下に持つ。旭化成はセルガードの製造技術を活用し、中国の需要を取り込みながら同国市場の動向をいち早くつかみ、製品開発に生かす。

矢野経済研究所は、世界のセパレーター出荷量は 20 年の 40 億平方メートル（見込み値）から、24 年に 61 億平方メートルに広がると予測する。これまでは電動車や電子機器向けが市場をけん引してきた。今後、再生可能エネルギーの発電規模がさらに増えれば、新たな需要が生まれそうだ。

✔ 就活生情報

自身の研究への理解を深めることが近道

技術系総合職 2022卒

エントリーシート

・形式：採用ホームページから記入
・内容：「指定された語句を用いた自由作文」など，ユニークな質問

セミナー

・選考とは無関係
・服装：リクルートスーツ
・内容：業界説明，社内の雰囲気の説明，質問受付

筆記試験

・形式：Webテスト
・科目：数学，算数／国語，漢字／性格テスト

面接（個人・集団）

・雰囲気：和やか
・回数：2回
・質問内容：8割研究概要に関する質問，2割人柄に関する質問。研究概要はかなり深堀される

内定

・拘束や指示：選考後，教授からの推薦書の提出。強制ではなく，内々定連絡後，他企業の選考が終わるまで待ってくれる
・通知方法：電話
・タイミング：予定より早い

● その他受験者からのアドバイス

・選考後も逐一連絡がきて，今後の進め方や先輩社員へ質問する場を設けて頂いたりと気にかけてもらえた

研究に対して建設的な意見・アドバイスが多々もらえました

技術系総合職 2020卒

エントリーシート

・形式：採用ホームページから記入
・内容：研究概要書と自由作文。他社と比較して考えて書かなければいけない

セミナー

・選考とは無関係
・服装：きれいめの服装
・内容：「カジュアルな服装」との指定があり，オフィスカジュアルで参加したが，全体8割ほどはスーツだった。企業紹介の後社員の方との座談会

筆記試験

・形式：作文／Webテスト
・科目：数学，算数／国語，漢字／論作文。玉手箱と自由作文

面接（個人・集団）

・雰囲気：普通
・回数：2回
・質問内容：一次，最終共に，只管研究内容を深堀される。人事質問は1/4以下。内容も他の素材メーカーの面談でされた質問と比べ，非常に鋭く深い

内定

・通知方法：電話

● その他受験者からのアドバイス

・自分の研究への理解を深めることが，内定への一番の近道。

リクルーター面談での評価が良いと，一次面接が免除になる。リクルーター面談から気を抜かないこと

総合職 2020卒

エントリーシート
・形式：採用ホームページから記入
・内容：あなたの学生時代について自由に，以下の9つのワードのうち3つ以上を用いて自由に文章を作成。物語，詩，自分の考えなどどんな内容，表現方法でもよい。＜科学・工・挑戦・融・市・ヴァーチャル・月・億・ハート＞

セミナー
・選考とは無関係
・服装：リクルートスーツ
・内容：企画営業体感ワークショップ，企業説明，業界説明，座談会など

筆記試験
・形式：Webテスト
・科目：数学，算数／国語，漢字／性格テスト
・内容：玉手箱

面接（個人・集団）
・雰囲気：和やか
・回数：2回
・質問内容：二次面接では自己紹介からの深堀り，周りからどんな人だと言われるか，学業で一番印象に残った学び，率直に志望企業1～3位はどこか，ここから何を基準に決めていくか，社員に会って何か感じたか

内定
・拘束や指示：5月中に入社意識を固めて，他社の選考を辞退するよう言われた
・通知方法：電話

技術職志望ならば，しっかりと自身の研究への理解を深めることが内定への一番の近道だと思います

技術職 2020卒

エントリーシート

・形式：採用ホームページから記入
・内容：項目数は少なめ。最後の項目は例年「指定した単語を使って自由に作文」である

セミナー

・服装：リクルートスーツ
・内容：企画営業体感ワークショップ，企業説明，業界説明，座談会など

筆記試験

・形式：Webテスト
・科目：数学，算数／国語，漢字／性格テスト。内容はGABに近い

面接（個人・集団）

・雰囲気：和やか
・質問内容：一次，最終のどちらも志望動機（就活の軸），研究内容とその質疑がメイン。最終はスライドを使って自己紹介・研究内容で10分間説明。自身の研究をしっかり把握してなぜこうしたのか，こうなったのかを伝えること

内定

・拘束や指示：最終合格後に確認面接が行われ，他の選考を辞退するように言われる
・通知方法：電話

▶ その他受験者からのアドバイス

・技術職なので，面接では研究に関するかなり厳しい質問があった。自身の研究をどこまで理解できているかを重要視しているように感じた
・周りからどのように見られているか，志望度，研究の新しさ等は考えておくとよい

周りに流されず，自分のペースで就職活動を行いましょう。本当に行きたいと思う企業に，内定を取りに行ったほうがいいと思います

MR職 2020卒

エントリーシート

・形式：採用ホームページから記入
・内容：学生時代に頑張ったこと，指定されたワードの中から３つ選び作文を作る

セミナー

・選考とは無関係
・服装：リクルートスーツ
・内容：社員の方と交流会

筆記試験

・形式：Webテスト
・科目：数学，算数/国語，漢字

面接（個人・集団）

・雰囲気：和やか
・回数：２回
・質問内容：アルバイトの経験について深堀りされた

内定

・拘束や指示：内定した他企業に，辞退の電話をするよう言われた
・通知方法：電話

研究内容に関しては，素人にでもわかるぐらいにうまく説明していく必要があと思います

技術職 2019卒

エントリーシート
・形式：サイトからダウンロードした用紙に，手書きで記入したものを郵送するレアなものだった

セミナー
・筆記や面接などが同時に実施される，選考と関係のあるもの。内容は，とてもためになった
・服装：リクルートスーツ

筆記試験
・形式：Webテスト
・科目：英語／数学，算数／国語，漢字／一般教養・知識／理工系専門試験。かなりややこしい内容のものだった

面接（個人・集団）
・雰囲気：普通
・回数：3回
・質問内容：研究内容に関しては，かなり突っ込まれて聞かれた

内定
・拘束や指示：，特になし。1週間後に人事説明へ呼ばれた
・通知方法：電話
・タイミング：予定通り

● その他受験者からのアドバイス
・専門内容に関してはかなり突っ込まれるので，日頃の成果把握，教授とのコミュニケーションは大切だと感じました

質問は丁寧で，終始和やかな雰囲気であった。最初は緊張していたが，途中から落ち着くことができた

技術職 2018卒

エントリーシート
・内容：「あなたの学生時代について自由にお書きください」

セミナー
・特に選考とは関係がないようではあった。和やかな雰囲気だった

筆記試験
・形式：Webテスト
・科目：言語，係数，パーソナリティ

面接（個人・集団）
・雰囲気：和やか
・質問内容：志望動機，就職活動で重視している軸とその理由，学生時代に最も熱意を持って取り組んだこと　など

内定
・通知方法：電話

▶ その他受験者からのアドバイス
・研究内容などはわかりやすい説明であると同時に，専門的なことまで質問されるため，論理的な流れであることを一番に考えながら質問に答えていった

理系の場合は，自分の研究内容をしっかり理解した上で，人に分かりやすく簡単に説明できるように準備しておくことが大切

技術職 2016卒

エントリーシート

・形式：ダウンロードして，プリントアウトして手書きで記入
・内容：「学生時代に頑張ったこと」「指定された単語から自由に文章作成」など

セミナー

・選考とは無関係
・服装：リクルートスーツ
・内容：「社員との座談会」「ゲーム」など

筆記試験

・形式：Webテスト
・科目：SPI（数学，国語，性格テストなど）

面接（個人・集団）

・回数：2回
・質問内容：「志望動機」「研究内容について」など

内定

・通知方法：電話

面接で深掘りされて答えに窮しても，諦めないことが大事。かといって，嘘やいい加減なことを言うのは厳禁です

医薬研究職 2016卒

エントリーシート
・形式：採用ホームページから記入
・内容：「学生時代について」など

セミナー
・選考とは無関係
・服装：自由

面接（個人・集団）
・回数：2回

内定
・拘束や指示：他社の選考を辞退するように指示された
・通知方法：電話
・タイミング：予定より早い

受ける企業の数は多すぎると，1つにかける時間が少なくなる。逆に少なすぎると雰囲気に慣れないので，ほどほどがいいと思う

一般職 2016卒

エントリーシート

・形式：採用ホームページから記入

セミナー

・選考とは無関係

筆記試験

・形式：Webテスト
・科目：数学，国語，性格テストなど

面接（個人・集団）

・回数：2回

内定

・拘束や指示：就職活動を終了するように指示された
・通知方法：電話

✔ 有価証券報告書の読み方

01 部分的に読み解くことからスタートしよう

　「有価証券報告書（以下，有報）」という名前を聞いたことがある人も少なくはないだろう。しかし，実際に中身を見たことがある人は決して多くはないのではないだろうか。有報とは上場企業が年に1度作成する，企業内容に関する開示資料のことをいう。開示項目には決算情報や事業内容について，従業員の状況等について記載されており，誰でも自由に見ることができる。

　一般的に有報は，証券会社や銀行の職員，または投資家などがこれを読み込み，その後の戦略を立てるのに活用しているイメージだろう。その認識は間違いではないが，だからといって就活に役に立たないというわけではない。就活を有利に進める上で，お得な情報がふんだんに含まれているのだ。ではどの部分が役に立つのか，実際に解説していく。

■有価証券報告書の開示内容

　では実際に，有報の開示内容を見てみよう。

有価証券報告書の開示内容
第一部【企業情報】
第1　【企業の概況】
第2　【事業の状況】
第3　【設備の状況】
第4　【提出会社の状況】
第5　【経理の状況】
第6　【提出会社の株式事務の概要】
第7　【提出会社の状参考情報】
第二部【提出会社の保証会社等の情報】
第1　【保証会社情報】
第2　【保証会社以外の会社の情報】
第3　【指数等の情報】

有報は記載項目が統一されているため，どの会社に関しても同じ内容で書かれている。このうち就活において必要な情報が記載されているのは，第一部の第1【企業の概況】～第5【経理の状況】まで，それ以降は無視してしまってかまわない。

02 企業の概況の注目ポイント

第1【企業の概況】には役立つ情報が満載。そんな中，最初に注目したいのは，冒頭に記載されている【主要な経営指標等の推移】の表だ。

回次		第25期	第26期	第27期	第28期	第29期
決算年月		平成24年3月	平成25年3月	平成26年3月	平成27年3月	平成28年3月
営業収益	（百万円）	2,532,173	2,671,822	2,702,916	2,756,165	2,867,199
経常利益	（百万円）	272,182	317,487	332,518	361,977	428,902
親会社株主に帰属する当期純利益	（百万円）	108,737	175,384	199,939	180,397	245,309
包括利益	（百万円）	109,304	197,739	214,632	229,292	217,419
純資産額	（百万円）	1,890,633	2,048,192	2,199,357	2,304,976	2,462,537
総資産額	（百万円）	7,060,409	7,223,204	7,428,303	7,605,690	7,789,762
1株当たり純資産額	（円）	4,738.51	5,135.76	5,529.40	5,818.19	6,232.40
1株当たり当期純利益	（円）	274.89	443.70	506.77	458.95	625.82
潜在株式調整後1株当たり当期純利益	（円）	―	―	―	―	―
自己資本比率	（％）	26.5	28.1	29.4	30.1	31.4
自己資本利益率	（％）	5.9	9.0	9.5	8.1	10.4
株価収益率	（倍）	19.0	17.4	15.0	21.0	15.5
営業活動によるキャッシュ・フロー	（百万円）	558,650	588,529	562,763	622,762	673,109
投資活動によるキャッシュ・フロー	（百万円）	△370,684	△465,951	△474,697	△476,844	△499,575
財務活動によるキャッシュ・フロー	（百万円）	△152,428	△101,151	△91,367	△86,636	△110,265
現金及び現金同等物の期末残高	（百万円）	167,525	189,262	186,057	245,170	307,809
従業員数〔ほか、臨時従業員数〕	（人）	71,729 [27,746]	73,017 [27,312]	73,551 [27,736]	73,329 [27,313]	73,053 [26,147]

見慣れない単語が続くが，そう難しく考える必要はない。特に注意してほしいのが，**営業収益**，**経常利益**の二つ。営業収益とはいわゆる**総売上額**のことであり，これが企業の本業を指す。その営業収益から営業費用（営業費（販売費＋一般管理費）＋売上原価）を差し引いたものが**営業利益**となる。会社の業種はなんであれ，モノを顧客に販売した合計値が営業収益であり，その営業収益から人件費や家賃，広告宣伝費などを差し引いたものが営業利益と覚えておこう。対して経常利益は営業利益から本業以外の損益を差し引いたもの。いわゆる金利による収益や不動産収入などがこれにあたり，本業以外でその会社がどの程度の力をもっているかをはかる絶好の指標となる。

■会社のアウトラインを知れる情報が続く。

　この主要な経営指標の推移の表につづいて，「会社の沿革」，「事業の内容」，「関係会社の状況」「従業員の状況」などが記載されている。自分が試験を受ける企業のことを，より深く知っておくにこしたことはない。会社がどのように発展してきたのか，主としている事業はどのようなものがあるのか，従業員数や平均年齢はどれくらいなのか，志望動機などを作成する際に役立ててほしい。

03 事業の状況の注目ポイント

　第2となる【事業の状況】において，最重要となるのは**業績等の概要**といえる。ここでは1年間における収益の増減の理由が文章で記載されている。「○○という商品が好調に推移したため，売上高は△△になりました」といった情報が，比較的易しい文章で書かれている。もちろん，損失が出た場合に関しても包み隠さず記載してあるので，その会社の1年間の動向を知るための格好の資料となる。

　また，業績については各事業ごとに細かく別れて記載してある。例えば鉄道会社ならば，①運輸業，②駅スペース活用事業，③ショッピング・オフィス事業，④その他といった具合だ。**どのサービス・商品がどの程度の売上を出したのか**，会社の持つ展望として，今後**どの事業をより活性化**していくつもりなのか，などを意識しながら読み進めるとよいだろう。

■「対処すべき課題」と「事業等のリスク」

　業績等の概要と同様に重要となるのが，「**対処すべき課題**」と「**事業等のリスク**」の2項目といえる。ここで読み解きたいのは，その会社の**今後の伸びしろ**について。いま，会社はどのような状況にあって，どのような課題を抱えているのか。また，その課題に対して取られている対策の具体的な内容などから経営方針などを読み解くことができる。リスクに関しては法改正や安全面，他の企業の参入状況など，会社にとって決してプラスとは言えない情報もつつみ隠さず記載してある。客観的にその会社を再評価する意味でも，ぜひ目を通していただきたい。

　次代を担う就活生にとって，ここの情報はアピールポイントとして組み立てやすい。「新事業の○○の発展に際して……」，「御社が抱える●●というリスクに対して……」などという発言を面接時にできれば，面接官の心証も変わってくるはずだ。

最後に注目したいのが，第5【経理の状況】だ。ここでは，簡単にいえば【主要な経営指標等の推移】の表をより細分化した表が多く記載されている。ここの情報をすべて理解するのは，簿記の知識がないと難しい。しかし，そういった知識があまりなくても，読み解ける情報は数多くある。例えば**損益計算書**などがそれに当たる。

連結損益計算書

(単位：百万円)

	前連結会計年度 (自 平成26年4月1日 至 平成27年3月31日)	当連結会計年度 (自 平成27年4月1日 至 平成28年3月31日)
営業収益	2,756,165	2,867,199
営業費		
運輸業等営業費及び売上原価	1,806,181	1,841,025
販売費及び一般管理費	※4 522,462	※4 538,352
営業費合計	2,328,643	2,379,378
営業利益	427,521	487,821
営業外収益		
受取利息	152	214
受取配当金	3,602	3,703
物品売却益	1,438	998
受取保険金及び配当金	8,203	10,067
持分法による投資利益	3,134	2,565
雑収入	4,326	4,067
営業外収益合計	20,858	21,616
営業外費用		
支払利息	81,961	76,332
物品売却損	350	294
雑支出	4,090	3,908
営業外費用合計	86,403	80,535
経常利益	361,977	428,902
特別利益		
固定資産売却益	※4 1,211	※4 838
工事負担金等受入額	※5 59,205	※5 24,487
投資有価証券売却益	1,269	4,473
その他	5,016	6,921
特別利益合計	66,703	36,721
特別損失		
固定資産売却損	※6 2,088	※6 1,102
固定資産除却損	※7 3,957	※7 5,105
工事負担金等圧縮額	※8 54,253	※8 18,346
減損損失	※9 12,738	※9 12,297
耐震補強重点対策関連費用	8,906	10,288
災害損失引当金繰入額	1,306	25,085
その他	30,128	8,537
特別損失合計	113,379	80,763
税金等調整前当期純利益	315,300	384,860
法人税，住民税及び事業税	107,540	128,972
法人税等調整額	26,202	9,326
法人税等合計	133,742	138,298
当期純利益	181,558	246,561
非支配株主に帰属する当期純利益	1,160	1,251
親会社株主に帰属する当期純利益	180,397	245,309

　主要な経営指標等の推移で記載されていた**経常利益**の算出する上で必要な営業外収益などについて，詳細に記載されているので，一度目を通しておこう。

　いよいよ次ページからは実際の有報が記載されている。ここで得た情報をもとに有報を確実に読み解き，就職活動を有利に進めよう。

✔ 有価証券報告書

企業の概況

1 主要な経営指標等の推移

（1） 連結経営指標等

回次		第128期	第129期	第130期	第131期	第132期
決算年月		2019年3月	2020年3月	2021年3月	2022年3月	2023年3月
売上高	（百万円）	2,170,403	2,151,646	2,106,051	2,461,317	2,726,485
経常利益	（百万円）	219,976	184,008	178,036	212,052	121,535
親会社株主に帰属する当期純利益又は親会社株主に帰属する当期純損失（△）	（百万円）	147,512	103,931	79,768	161,880	△91,312
包括利益	（百万円）	148,696	37,167	157,941	261,502	25,818
純資産額	（百万円）	1,402,710	1,383,460	1,494,535	1,718,815	1,696,009
総資産額	（百万円）	2,575,203	2,822,277	2,918,941	3,349,075	3,454,526
1株当たり純資産額	（円）	989.51	979.69	1,057.61	1,216.33	1,198.30
1株当たり当期純利益金額又は1株当たり当期純損失金額（△）	（円）	105.66	74.85	57.49	116.68	△65.84
潜在株式調整後1株当たり当期純利益金額	（円）	―	―	―	―	―
自己資本比率	（％）	53.6	48.2	50.3	50.4	48.1
自己資本利益率	（％）	11.1	7.6	5.6	10.3	△5.5
株価収益率	（倍）	10.81	10.22	22.17	9.11	―
営業活動によるキャッシュ・フロー	（百万円）	212,062	124,460	253,676	183,271	90,804
投資活動によるキャッシュ・フロー	（百万円）	△198,917	△318,156	△157,751	△221,019	△213,584
財務活動によるキャッシュ・フロー	（百万円）	17,388	221,923	△95,869	42,321	111,780
現金及び現金同等物の期末残高	（百万円）	180,520	204,771	216,235	242,948	247,903
従業員数	（人）	39,283	40,689	44,497	46,751	48,897

（注） 1 潜在株式調整後1株当たり当期純利益金額については，潜在株式が存在しないため記載していません。

2 平均臨時雇用者数は，重要性がないため記載していません。

3 金額については，表示単位未満四捨五入で記載しています。

4 第130期第1四半期連結会計期間において，企業結合に係る暫定的な会計処理の確定を行っており，第129期連結会計年度の関連する主要な経営指標等について，暫定的な会計処理の確定の内容を反

---

point 主要な経営指標等の推移

数年分の経営指標の推移がコンパクトにまとめられている。見るべき箇所は連結の売上，利益，株主資本比率の3つ。売上と利益は順調に右肩上がりに伸びているか，逆に利益で赤字が続いていたりしないかをチェックする。株主資本比率が高いとリーマンショックなど景気が悪化したときなどでも経営が傾かないという安心感がある。

映させています。

5 「収益認識に関する会計基準」(企業会計基準第29号)等を第131期の期首から適用しており，第131期以降に係る主要な経営指標等については，当該会計基準等を適用した後の指標等となっています。

6 第132期の親会社株主に帰属する当期純損失は，Polypore International, LPののれん及び無形固定資産の減損損失を計上したこと等によるものです。

7 第132期の株価収益率については，親会社株主に帰属する当期純損失を計上しているため記載していません。

(2) 提出会社の経営指標等 ・・・・・・・・・・・・・・・・・・・・・・・・・・・・・・・・・・・・・

回次		第128期	第129期	第130期	第131期	第132期
決算年月		2019年3月	2020年3月	2021年3月	2022年3月	2023年3月
売上高	(百万円)	665,839	599,972	548,149	652,631	713,961
経常利益	(百万円)	106,679	76,768	64,546	81,940	38,942
当期純利益又は当期純損失(△)	(百万円)	89,279	57,873	67,717	52,484	△201,425
資本金	(百万円)	103,389	103,389	103,389	103,389	103,389
発行済株式総数	(千株)	1,402,616	1,393,932	1,393,932	1,393,932	1,393,932
純資産額	(百万円)	778,223	744,199	790,312	771,809	506,780
総資産額	(百万円)	1,759,139	1,919,199	2,289,241	2,149,337	1,995,939
1株当たり純資産額	(円)	557.42	536.36	569.58	556.34	365.62
1株当たり配当額	(円)	34	34	34	34	36
(うち，1株当たり中間配当額)	(円)	(17)	(18)	(17)	(17)	(18)
1株当たり当期純利益金額又は1株当たり当期純損失金額(△)	(円)	63.95	41.68	48.80	37.83	△145.24
潜在株式調整後1株当たり当期純利益金額	(円)	―	―	―	―	―
自己資本比率	(%)	44.2	38.8	34.5	35.9	25.4
自己資本利益率	(%)	11.6	7.6	8.8	6.7	△31.5
株価収益率	(倍)	17.86	18.35	26.11	28.09	―
配当性向	(%)	53.2	81.6	69.7	89.9	―
従業員数	(人)	7,864	8,253	8,524	8,646	8,787
株主総利回り	(%)	84.1	59.5	98.4	85.7	78.5
(比較指標：配当込みTOPIX)	(%)	(95.0)	(85.9)	(122.1)	(124.6)	(131.8)
最高株価	(円)	1,765.0	1,295.0	1,380.0	1,295.0	1,103.5
最低株価	(円)	1,053.5	606.1	684.2	946.6	893.5

(注)1 潜在株式調整後1株当たり当期純利益金額については，潜在株式が存在しないため記載していません。

2 最高株価及び最低株価は，2022年4月3日以前は東京証券取引所市場第一部におけるものであり，

2022年4月4日以降は東京証券取引所プライム市場におけるものです。

3　平均臨時雇用者数は，重要性がないため記載していません。

4　金額については，表示単位未満四捨五入で記載しています。

5　「収益認識に関する会計基準」（企業会計基準第29号）等を第131期の期首から適用しており，第131期以降に係る主要な経営指標等については，当該会計基準等を適用した後の指標等となっています。

6　第132期の当期純損失は，Asahi Kasei Energy Storage Materials Inc.の関係会社株式評価損を計上したこと等によるものです。

7　第132期の株価収益率及び配当性向については，当期純損失を計上しているため記載していません。

2　沿革

年月	事項
1922. 5	・旭絹織株式会社（ビスコース・レーヨン糸を製造・販売）設立
1929. 4	・日本ベンベルグ絹絲株式会社（キュプラ繊維「ベンベルグ®」を製造・販売）設立
1931. 5	・延岡アンモニア絹絲株式会社（アンモニア，硝酸等化成品を製造・販売）設立（当社（現，旭化成株式会社）の設立：1931年5月21日資本金1,000万円）
1933. 7	・延岡アンモニア絹絲株式会社は，日本ベンベルグ絹絲株式会社及び旭絹織株式会社を合併し，社名を旭ベンベルグ絹絲株式会社と改称
1935. 9	・グルタミン酸ソーダを製造開始，食品事業へ進出
1943. 4	・旭ベンベルグ絹絲株式会社は，日本窒素火薬株式会社（ダイナマイト等を製造・販売）を合併し，社名を日窒化学工業株式会社と改称
1946. 4	・日窒化学工業株式会社は，社名を旭化成工業株式会社と改称
1949. 5	・東京，大阪及び名古屋の各証券取引所の市場第一部に株式を上場
1952. 7	・米国ダウ・ケミカル社と合弁で旭ダウ株式会社設立
1957. 2	・旭ダウ株式会社，ポリスチレンを製造開始，合成樹脂事業へ進出
1959. 5	・アクリル繊維「カシミロン™」の本格製造開始，合成繊維事業へ本格展開
1960. 9	・「サランラップ®」を販売開始，樹脂製品事業へ進出
1962. 6	・アクリロニトリルを製造開始
1967. 8	・軽量気泡コンクリート（ALC）「ヘーベル™」を製造開始，建材事業へ本格進出
1968. 7	・山陽石油化学株式会社設立，水島地区で石油化学事業へ本格進出
1971. 2	・旭シュエーベル株式会社設立，ガラス繊維織物事業へ進出
1972. 4	・水島で山陽エチレン株式会社による年産35万トンのエチレンセンターが完成

(point) 沿革

　どのように創業したかという経緯から現在までの会社の歴史を年表で知ることができる。過去に行った重要なM＆Aなどがいつ行われたのか，ブランド名はいつから使われているのか，いつ頃から海外進出を始めたのか，など確認することができて便利だ。

1972. 9	・「ヘーベルハウス™」を本格展開，住宅事業へ本格進出
1972. 11	・旭化成ホームズ株式会社設立
1974. 7	・旭メディカル株式会社（現，旭化成メディカル株式会社）設立，人工腎臓を生産開始，医療機器事業へ進出
1976. 4	・株式会社旭化成テキスタイル設立，テキスタイル事業の強化
1976. 9	・旭化成建材株式会社設立
1980. 7	・宮崎電子株式会社（現，旭化成電子株式会社）設立，ホール素子事業へ進出
1982. 10	・旭ダウ株式会社を合併，合成樹脂事業を強化
1983. 8	・旭マイクロシステム株式会社（現，旭化成マイクロシステム株式会社）設立，LSI事業へ本格展開
1992. 1	・東洋醸造株式会社と合併，医薬・医療事業を強化，酒類事業へ進出
1994. 10	・株式会社旭化成テキスタイルを合併，繊維事業を強化
1999. 7	・食品事業を日本たばこ産業株式会社へ譲渡
2000. 7	・新日鐵化学株式会社より欧米コンパウンド樹脂生産子会社を譲受
2001. 1	・旭化成工業株式会社から，旭化成株式会社へ社名変更
2002. 9	・焼酎及び低アルコール飲料事業をアサヒビール株式会社及びニッカウヰスキー株式会社へ譲渡
2003. 7	・清酒・合成酒関連事業をオエノンホールディングス株式会社へ譲渡
2003. 10	・持株会社制へ移行。持株会社（当社）と7事業会社（旭化成ケミカルズ株式会社，旭化成ホームズ株式会社，旭化成ファーマ株式会社，旭化成せんい株式会社，旭化成エレクトロニクス株式会社，旭化成建材株式会社，旭化成ライフ＆リビング株式会社）からなるグループ経営体制へ移行
2007. 4	・旭化成ケミカルズ株式会社が旭化成ライフ＆リビング株式会社を吸収合併
2008. 10	・旭化成ファーマ株式会社の子会社であった旭化成クラレメディカル株式会社及び旭化成メディカル株式会社を，当社が直接出資する事業会社に再編
2009. 4	・当社，旭化成ケミカルズ株式会社及び旭化成エレクトロニクス株式会社のエレクトロケミカル関連事業を，旭化成イーマテリアルズ株式会社に吸収分割により承継
2012. 4	・旭化成メディカル株式会社が旭化成クラレメディカル株式会社を吸収合併
2012. 4	・米国ZOLL Medical Corporationを買収及び連結子会社化し，クリティカルケア事業へ進出
2013. 12	・名古屋・札幌・福岡証券取引所の市場第一部の株式上場廃止
2014. 10	・本店の所在地を大阪から東京に移転
2015. 8	・米国Polypore International,Inc.（現，Polypore International,LP）を買収及び連結子会社化し，バッテリーセパレータ事業を拡大

(point) **繊維を原点に事業の多角化を推進**

創業当時の繊維を主体とした事業から，60年代〜70年代には石油化学，建材，住宅分野に進出。さらに医薬，医療，エレクトロニクス分野へと多角化を進めることで，総合化学メーカーとしての地位を構築。2003年10月に分社・持株会社制に移行，現在は持株会社である旭化成の下，9つの事業会社からグループを構成している。

2016. 2	・旭化成ケミカルズ株式会社水島製造所のエチレンセンターを停止
2016. 4	・当社，旭化成ケミカルズ株式会社，旭化成せんい株式会社及び旭化成イーマテリアルズ株式会社を吸収合併，事業持株会社に移行
2017. 10	・単元株式数を1,000株から100株に変更
2018. 9	・米国SageAutomotiveInteriors,Inc.を買収及び連結子会社化し，自動車分野向け事業を拡大
2020. 3	・米国VeloxisPharmaceuticals,Inc.を買収（1月）及び連結子会社化し，米国医薬品市場における事業基盤を獲得
2022. 4	・東京証券取引所の市場区分の見直しにより市場第一部からプライム市場へ移行

(注)　2022年4月4日に東京証券取引所の市場区分の見直しにより市場第一部からプライム市場へ移行しています。

3　事業の内容

　当社グループは，連結財務諸表提出会社（以下，当社という）及び関係会社356社から構成されています。その主な事業内容はセグメントの区分のとおりであり，当社及び主な関係会社の当該事業に係る位置付けとセグメントとの関連は次のとおりです。

---

point 事業の内容

　会社の事業がどのようにセグメント分けされているか，そして各セグメントではどのようなビジネスを行っているかなどの説明がある。また最後に事業の系統図が載せてあり，本社，取引先，国内外子会社の製品・サービスや部品の流れが分かる。ただセグメントが多いコングロマリットをすぐに理解するのは簡単ではない。

セグメント	主要な事業内容	主要な製品・サービス	主要な関係会社
マテリアル (関係会社169社)	環境ソリューション事業	スチレンモノマー、アクリロニトリル、ポリエチレン、ポリスチレン、合成ゴム 等	ＰＳジャパン㈱ Asahi Kasei Synthetic Rubber Singapore Pte. Ltd. Tongsuh Petrochemical Corporation ※ 三菱ケミカル旭化成エチレン㈱ ※ PTT Asahi Chemical Co., Ltd.
		リチウムイオン電池用セパレータ(湿式・乾式)、鉛蓄電池用セパレータ、中空糸ろ過膜、イオン交換膜 等	Polypore International, LP
	モビリティ&インダストリアル事業	繊維(自動車関連) 等	Sage Automotive Interiors, Inc.
		エンジニアリング樹脂、塗料原料 等	Asahi Kasei Plastics Singapore Pte. Ltd. 旭化成精細化工(南通)有限公司 Asahi Kasei Plastics (America)Inc. 旭化成塑料(上海)有限公司
	ライフイノベーション事業 (デジタルソリューション、コンフォートライフ)	電子材料、ミックスドシグナルLSI、ホール素子、深紫外線LED 等	旭化成エレクトロニクス㈱ 旭化成電子材料(蘇州)有限公司
		繊維(衣料・産業資材他)、食品用ラップフィルム、各種フィルム・シート、医薬・食品用添加剤、火薬類、金属加工品 等	旭化成アドバンス㈱ 旭化成ホームプロダクツ㈱ Asahi Kasei Spunbond (Thailand) Co., Ltd.
	マテリアル共通	—	Asahi Kasei Europe GmbH
住宅 (関係会社95社)	住宅事業	建築請負(戸建・集合住宅)、不動産関連、リフォーム、その他住宅周辺事業、米国・豪州住宅事業 等	旭化成ホームズ㈱ 旭化成不動産レジデンス㈱ 旭化成ホームズフィナンシャル㈱ 旭化成リフォーム㈱ Focus Companies LLC NXT Building Group Pty Ltd Austin Companies LLC Erickson Framing Operations LLC ※ ㈱森組 ※ 中央ビルト工業㈱
	建材事業	軽量気泡コンクリート(ALC)、断熱材、基礎杭、構造資材 等	旭化成建材㈱
ヘルスケア (関係会社67社)	医薬事業	医療用医薬品、診断薬 等	旭化成ファーマ㈱ Veloxis Pharmaceuticals, Inc. ※ ㈱カイノス
	医療事業	血液透析・アフェレシス(血液浄化療法)関連機器、ウイルス除去フィルター、CDMO事業 等	旭化成メディカル㈱ Bionova Scientific, LLC. Asahi Kasei Bioprocess Europe S.A./N.V.
	クリティカルケア事業	心肺蘇生関連(AED、医療従事者向け除細動器)、着用型自動除細動器、睡眠時無呼吸症治療・診断機器 等	ZOLL Medical Corporation

(注) 1 当社はマテリアルセグメント内の複数の事業を行っています。

　　　2 一部の関係会社の事業内容は，複数のセグメントに跨っています。

　　　3 ※は持分法適用会社です。

(point) **高シェア事業と高収益事業が2つの柱**

事業ポートフォリオはグローバルリーディング事業(ケミカル，繊維，エレクトロニクス)と，内需型高収益事業(住宅，建材，ヘルスケア)で構成されている。前者は高シェアを誇る製品群(アクリロニトリル，LiBセパレータ，電子コンパスなど)を，後者は新しい社会価値の創出をテーマにヘルスケアや住宅事業を展開する。

関係会社名	住所	資本金	主要な事業の内容	議決権に対する所有割合(%)	関係内容
（連結子会社）					
ＰＳジャパン㈱	東京都文京区	5,000百万円	マテリアル	62.1	当社は原材料及び用役を供給し、製品を購入しています。役員の兼任等…有
Asahi Kasei Synthetic Rubber Singapore Pte. Ltd. （注）5	Singapore	252百万米ドル	マテリアル	100.0	当社は製品を購入しています。役員の兼任等…有
Tongsuh Petrochemical Corporation （注）5	Ulsan, Korea	237,642百万ウォン	マテリアル	100.0	当社は原材料等を供給し、製品を購入しています。役員の兼任等…有
Polypore International, LP （注）3	North Carolina, U.S.A.	2,233百万米ドル	マテリアル	100.0 (100.0)	資金の貸付・借入…有 役員の兼任等…有
Sage Automotive Interiors, Inc.（注）3	South Carolina, U.S.A.	969百万米ドル	マテリアル	100.0 (100.0)	当社は製品を販売しています。役員の兼任等…有
Asahi Kasei Plastics Singapore Pte. Ltd.	Singapore	46百万米ドル	マテリアル	100.0	当社は原材料を供給し、製品を購入しています。役員の兼任等…有
旭化成精細化工（南通）有限公司	中国江蘇省	311百万元	マテリアル	100.0 (100.0)	当社は原材料を供給し、製品を購入しています。役員の兼任等…有
Asahi Kasei Plastics (America) Inc.（注）3	Michigan, U.S.A.	18百万米ドル	マテリアル	100.0	当社は原材料を供給しています。役員の兼任等…有
旭化成塑料（上海）有限公司	中国上海市	18百万元	マテリアル	100.0 (100.0)	当社は製品を販売しています。役員の兼任等…有
旭化成エレクトロニクス㈱	東京都千代田区	3,171百万円	マテリアル	100.0	当社は用役を供給しています。土地等の賃貸…有 資金の貸付・借入…有 役員の兼任等…有
旭化成電子材料（蘇州）有限公司	中国江蘇省	181百万元	マテリアル	100.0 (100.0)	当社は製品を購入及び販売しています。役員の兼任等…有
旭化成アドバンス㈱	東京都港区	500百万円	マテリアル	100.0	当社は製品を購入及び販売しています。資金の貸付・借入…有 役員の兼任等…有
旭化成ホームプロダクツ㈱	東京都千代田区	250百万円	マテリアル	100.0	当社は製品を販売しています。資金の貸付・借入…有 役員の兼任等…有
Asahi Kasei Spunbond (Thailand) Co., Ltd（注）5	Chonburi, Thailand	4,185百万バーツ	マテリアル	83.1	当社は製品を購入しています。役員の兼任等…有
Asahi Kasei Europe GmbH （注）3	Düsseldorf, Germany	31百万ユーロ	マテリアル	100.0	当社は製品を販売しています。また、当社は一部の業務を委託しています。役員の兼任等…有

🅟point 事業の柱はケミカルから住宅へ

　これまでは利益の半分を稼いでいたケミカルが業績を支える柱だった。しかし近年は，円高による輸出採算の悪化や中国での新増設ラッシュを背景に利益水準は大幅に低下。代わって好調な受注に支えられた住宅事業の収益が大きく伸びて全体の利益の半分を占めるまでになった。ただし，ケミカルの影響度はまだ大きい。

関係会社名	住所	資本金	主要な事業の内容	議決権に対する所有割合(%)	関係内容
旭化成ホームズ㈱ (注) 5, 6	東京都千代田区	3,250百万円	住宅	100.0	当社は用役を供給しています。 土地等の賃貸…有 資金の貸付・借入…有 役員の兼任等…有
旭化成不動産レジデンス㈱	東京都千代田区	3,200百万円	住宅	100.0 (100.0)	資金の貸付・借入…有 役員の兼任等…有
旭化成ホームズフィナンシャル㈱	東京都千代田区	1,000百万円	住宅	100.0 (100.0)	資金の貸付・借入…有 役員の兼任等…有
旭化成リフォーム㈱	東京都千代田区	250百万円	住宅	100.0 (100.0)	資金の貸付・借入…有 役員の兼任等…有
Focus Companies LLC	Nevada, U.S.A.	255百万米ドル	住宅	100.0 (100.0)	―
NXT Building Group Pty Ltd	New South Wales, Australia	87百万豪ドル	住宅	81.9 (81.9)	―
Austin Companies LLC	Arizona, U.S.A.	57百万米ドル	住宅	100.0 (100.0)	―
Erickson Framing Operations LLC	Arizona, U.S.A.	31百万米ドル	住宅	100.0 (100.0)	―
旭化成建材㈱	東京都千代田区	3,000百万円	住宅	100.0	当社は用役を供給しています。 土地等の賃貸…有 資金の貸付・借入…有 役員の兼任等…有
旭化成ファーマ㈱	東京都千代田区	3,000百万円	ヘルスケア	100.0	当社は用役を供給しています。 土地等の賃貸…有 資金の貸付・借入…有 役員の兼任等…有
Veloxis Pharmaceuticals, Inc. (注) 3	North Carolina, U.S.A.	1,117百万米ドル	ヘルスケア	100.0	役員の兼任等…有
旭化成メディカル㈱	東京都千代田区	3,000百万円	ヘルスケア	100.0	当社は用役を供給し、原材料を提供しています。 土地等の賃貸…有 資金の貸付・借入…有 役員の兼任等…有
Bionova Scientific, LLC. (注) 3	California, U.S.A.	369百万米ドル	ヘルスケア	100.0 (100.0)	―
Asahi Kasei Bioprocess Europe S.A./N.V.	Brussels, Belgium	0.5百万ユーロ	ヘルスケア	100.0 (100.0)	―
ZOLL Medical Corporation (注) 3、5	Massachusetts, U.S.A.	1,723百万米ドル	ヘルスケア	100.0 (100.0)	役員の兼任等…有
旭化成（中国）投資有限公司 (注) 5	中国上海市	2,214百万元	マテリアル ヘルスケア その他	100.0	当社は一部の業務を委託しています。 役員の兼任等…有
Asahi Kasei America, Inc.	New York, U.S.A.	0.05百万米ドル	その他	100.0	当社は一部の業務を委託しています。 役員の兼任等…有
その他253社					

point 関係会社の状況

主に子会社のリストであり，事業内容や親会社との関係についての説明がされている。特に製造業の場合などは子会社の数が多く，すべてを把握することは難しいが，重要な役割を担っている子会社も多くある。有報の他の項目では一度も触れられていない場合が多いので，気になる会社については個別に調べておくことが望ましい。

関係会社名	住所	資本金	主要な事業の内容	議決権に対する所有割合(%)	関係内容
(持分法適用関連会社) 三菱ケミカル旭化成エチレン㈱	東京都千代田区	2,000百万円	マテリアル	50.0	当社は製品を購入しています。 土地等の賃貸…有 資金の貸付・借入…有 役員の兼任等…有
PTT Asahi Chemical Co., Ltd.	Rayong, Thailand	13,819百万バーツ	マテリアル	50.0	当社は製品を購入しています。 役員の兼任等…有
㈱森組 (注) 7	大阪府大阪市中央区	1,640百万円	住宅	30.3 (30.3)	役員の兼任等…有
中央ビルト工業㈱ (注) 7	東京都中央区	508百万円	住宅	33.0 (33.0)	役員の兼任等…有
㈱カイノス (注) 7	東京都文京区	831百万円	ヘルスケア	21.1 (21.1)	―
旭有機材㈱ (注) 7	宮崎県延岡市	5,000百万円	その他	30.2	当社は用役を供給しています。
その他37社					

(注) 1 主要な事業の内容の欄には，セグメント情報に記載された名称を記載しています。
　　　2 役員の兼任等については，役員の兼任（当社役員又は従業員で当該関係会社の役員を兼務している者）及び出向（当社従業員で当該関係会社の役員として出向している者）を表示しています。
　　　3 資本金及び資本準備金の合計を記載しています。
　　　4 議決権に対する所有割合の欄の（ ）内は，間接所有割合で内数です。
　　　5 特定子会社に該当します。
　　　6 旭化成ホームズ（株）については，売上高（連結会社相互間の内部売上高を除く）の連結売上高に占める割合が10%を超えています。
　　　　　主要な損益情報等　　(1) 売上高　　　　410,708百万円
　　　　　　　　　　　　　　　(2) 経常利益　　　45,279百万円
　　　　　　　　　　　　　　　(3) 当期純利益　　33,712百万円
　　　　　　　　　　　　　　　(4) 純資産額　　　211,826百万円
　　　　　　　　　　　　　　　(5) 総資産額　　　336,888百万円
　　　7 有価証券報告書を提出しています。

point 透析医療システム分野で世界首位を目指す

　　旭化成メディカルで展開している人工腎臓事業では，川澄化学工業との提携（2007年度），アメリカのネクステージメディカルとの提携と出資（2009年，2012年）等の拡大戦略により，透析医療システム分野で世界首位を目指している。ちなみに2013年は世界シェア2位だった。同じく展開しているアフェレシス事業（患者の血液を体外

5 従業員の状況

（1） 連結会社の状況 ··

セグメントの名称	従業員数(人)
マテリアル	20,532
住宅	12,732
ヘルスケア	11,364
その他	1,308
全社	2,961
合計	48,897

（注）従業員数は就業人員数であり，平均臨時雇用者数は重要性がないため記載していません。

（2） 提出会社の状況 ··

2023年3月31日現在

従業員数(人)	平均年齢(歳)	平均勤続年数(年)	平均年間給与(円)
8,787	41.5	13.9	7,605,539

セグメントの名称	従業員数(人)
マテリアル	5,826
全社	2,961
合計	8,787

（注）1　従業員数は就業人員数であり，平均臨時雇用者数は重要性がないため記載していません。

　　　2　平均年間給与は賞与及び基準外賃金を含んでいます。

（3） 労働組合の状況 ··

　当社及び一部の関係会社には，旭化成グループ労働組合連合会が組織されており，UAゼンセン製造産業部門に加盟しています。

　当連結会計年度中における労働組合との交渉事項は，賃金改定，労働協約改定等でありましたが，いずれも円満解決しました。

　循環させ，血中の過剰・不要物質等を除去した血液を体内に戻すという治療）も今後さらに期待できるだろう。

事業の状況

1 経営方針，経営環境及び対処すべき課題等

　文中の将来に関する事項は，当連結会計年度末現在において当社，連結子会社及び持分法適用会社（以下，「当社グループ」）が判断したものです。

（1）　経営方針・経営戦略等 ・・

①　当社グループミッション等 ・・

　当社グループでは，「世界の人びとの “いのち” と “くらし” に貢献します。」というグループミッション（存在意義）のもと，「健康で快適な生活」と「環境との共生」の実現を通して，社会に新たな価値を提供することをグループビジョン（目指す姿）として掲げています。

　また，グループバリュー（共通の価値観）として「誠実」「挑戦」「創造」を定めており，すべてのステークホルダーの皆様に対し「誠実」に経営することを通じて，社会の課題解決や事業環境の変化に積極果敢に「挑戦」し，絶えず新たな価値を「創造」することで，事業を通じて企業の社会的責任を果たしていくことを基本方針としています。

②　当社グループ全体の経営方針・経営戦略等 ・・・・・・・・・・・・・・・・・・・・・・・・・・・・

＜経営環境・経営課題＞

　当社グループは，創業以来100年間，「生活基盤の確立」「物資豊富な生活」「豊かで便利・快適な生活」「新興国での需要」といった各時代のニーズに応えてきました。

　国連で採択された「SDGs」（持続可能な開発目標）に象徴されるように，社会課題に対する意識は世界的に高まっています。特に，2020年より感染拡大したCOVID-19による世の中の変化は，「地殻変動」とも言うべき，私たちがかつて経験をしたことがない大きな変化をもたらしました。人びとの価値観は大きく変化し，社会課題や環境課題が顕在化しています。いのちや健康，衛生に対する意識が高まるとともに，リモートワークの普及などを通じて人びとの働き方や暮らしが大きく変わり，個人の生きがい，働きがいがより一層重要視されるようになり

> (point) **買収したZOLL Medical Corporationに期待**
>
> 　旭化成が培ってきた薬事法等の規制や医療保険制度などの知見・リソース等を活かす事で，Zollが日本とアジアで成長できるだろう。またZollが持つ国際的なマーケティング手法や事業モデルを旭化成の事業で応用することも期待できる。両社のシナジー効果による事業拡大や新たな疾患領域への対応の機会が出てくるかもしれない。

ました。また，「誰一人取り残さない」というSDGsの原則にあるように，自社の
みならず，取引先を含めたサプライチェーン全体における人権尊重の取り組みが，
企業活動の前提として求められています。

　地球環境への関心も高まっており，特に気候変動リスクの主要因である温室効
果ガスの排出量の削減は，人類の喫緊の課題です。また，プラスチックについて，
不適切な廃棄による環境汚染問題や資源の有効活用の観点などから，海洋プラス
チック汚染対策やサーキュラーエコノミー（循環型社会）に向けた取り組みが求
められるなど，各国での規制がより一層強化されています。

　これらの課題は1つの企業・産業で解決できないものも多く，企業や産業を超
えた共創が益々重要になってきます。例えば，住宅とエネルギー，医療と住宅等
のように，これまでの産業の境界を越えて相互に関連しあうテーマ・課題が多く
存在しています。また，デジタル技術の急速な進歩普及が，これらの共創を加速
させ，産業間の垣根は益々低くなっていくことが予想されます。このような環境は，
マテリアル・住宅・ヘルスケアの3つの領域を持つ当社にとっては大きな事業機
会であると認識しています。当社は，3つの領域にまたがり人財・コア技術・マー
ケティングチャネル等，多様な資産を有しており，これらをデジタルの力で繋げ，
活かすことで，当社独自のアプローチで社会課題の解決に貢献できると考えてい
ます。不確実性の高い時代だからこそ，当社の持つ多様な資産を最大限活用しな
がら先手を打ち，「持続可能な社会への貢献」と「持続的な企業価値向上」の2つ
のサステナビリティの好循環を追求していきます。

i　サステナビリティマネジメントの強化

　当社グループは，2021年度に「サステナビリティ基本方針」を制定しました。
これは，サステナビリティに関する方針をより具体的に記述することで，当社グ
ループの方針を明示するとともに，サステナブルな社会の実現に向けた行動を一
段と推進していくことを狙いとするものです。

ⓟⓞⓘⓝⓣ 従業員の状況

　主力セグメントや，これまで会社を支えてきたセグメントの人数が多い傾向があるの
は当然のことだろう。上場している大企業であれば平均年齢は40歳前後だ。また労
働組合の状況にページが割かれている場合がある。その情報を載せている背景として，
労働組合の力が強く，人数を削減しにくい企業体質だということを意味している。

サステナビリティ基本方針

AsahiKASEI

旭化成グループは、「世界の人びとの"いのち"と"くらし"に貢献」するため、
「持続可能な社会への貢献」と「持続的な企業価値向上」の2つのサステナビリティの好循環を追求します。
価値ある「持続可能な社会への貢献」が、高い収益性を伴う「持続的な企業価値向上」をもたらし、
これが更なる貢献への挑戦を可能にしていく姿です。

当社グループは、その実現に最適なガバナンスを追求するとともに、以下を実践していきます。

【持続可能な社会への貢献による価値創出】
・人と地球の課題解決を、付加価値の高い事業ドメインにより、追求します　　[Care for People, Care for Earth]
・当社グループの特長である多様性と変革力を価値創出に活かします　　[Connect, Communication, Challenge]

【責任ある事業活動】
・法令を遵守するとともに、企業活動に関する国際規範を尊重します　　[Compliance]
・環境保全、保安防災、労働安全衛生、健康、人権、品質保証に、あらゆる事業活動で配慮します
・ステークホルダーへの適切な情報開示と対話を行います

【従業員の活躍の促進】
・ダイバーシティ&インクルージョンを重視します
・ひとり一人の成長・活躍・挑戦を促進します

＜経営方針・経営戦略＞

● 旭化成の2030年の目指す姿

　　COVID-19をはじめとする社会の大きな変化は，人類が取り組むべき課題を浮き彫りにしました。その課題は，当社が掲げてきた「Care for People」「Care for Earth」（人と地球の未来を想う）と重なるものであり，世界共通の課題の解決に向けた貢献を加速させていきます。当社は5つの価値提供分野として，カーボンニュートラル/循環型社会に貢献する「Environment & Energy」，安全・快適・エコなモビリティに貢献する「Mobility」，より快適・便利なくらしに貢献する「Life Material」，人生を豊かにする住まい・街に貢献する「Home & Living」，生き生きとした健康長寿社会に貢献する「Health Care」にフォーカスして事業展開を進めていきます。

　　我々が直面する課題は，産業の垣根が低くなるにつれて，様々な業界にわたって相互に関連してきます。

　　これは多様な事業を持つことで，様々な分野での知見を有する当社にとって大きな事業機会であると認識し，この事業機会に対して当社グループの「コア技術」「変革のDNA」「多様な人財」を以て，更なる成長を目指します。その結果として，2030年近傍には，営業利益4,000億円，ROE15%以上，ROIC10%以上を展望します。

(point) 業績等の概要

　　この項目では今期の売上や営業利益などの業績がどうだったのか，収益が伸びたあるいは減少した理由は何か，そして伸ばすためにどんなことを行ったかということがセグメントごとに分かる。現在，会社がどのようなビジネスを行っているのか最も分かりやすい箇所だと言える。

また，当社グループのGHG排出量目標として2013年度比で30％以上の削減を目指します。

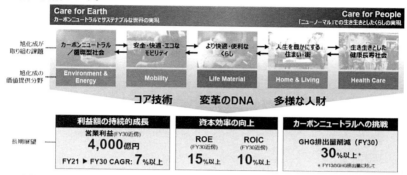

・中期経営計画2024〜Be a Trailblazer〜の進捗状況

　2022年4月に発表しました中期経営計画2024〜BeaTrailblazer〜は，2030年の目指す姿に向けたファーストステップと位置づけ，利益成長，ROE，ROICを重要指標として，「次の成長事業への重点リソース投入」と「成長投資の刈り取りと戦略再構築事業の改革」による事業ポートフォリオ進化を進めています。中計1年目となる2022年度は，半導体不足の長期化や中国ロックダウンによる需要減退，原燃料価格高騰など厳しい経営環境が影響し，営業利益は1,284億円と低迷しました。経営環境は徐々に改善すると見込んでいますが，中期的な視点で成長を目指すスタンスは変わっておらず，当初成長戦略に沿った実行を徹底することで再び成長軌道へ回帰し，当初目標の2,700億円は2〜3年遅れでの達成を目指します。2024年度の営業利益目標は2,000億円以上と再設定し，資本効率の目標も利益目標の修正に合わせて，2024年度でROE9％以上，ROIC6％以上へと変更しています。

i　事業ポートフォリオ進化の基本方針

　事業ポートフォリオの進化にあたっては，"成長の為の挑戦的な投資"と"構造転換や既存事業強化によるフリー・キャッシュ・フローの創出"の両輪を回すことが重要と考え，「スピード」「アセットライト」「高付加価値」の3つを強く意識して推進しています。「アセットライト」については，旧来の設備産業的な考えに

<small>(point)</small> **幅広い製品ラインナップを持つケミカル事業**

　ケミカル事業には，モノマー，ポリマー，高付加価値品の3事業がある。モノマーの主力製品として，AN，SM，アジピン酸，MMAなどが挙げられる。ポリマーは合成ゴム，ポリエチレン，機能樹脂など。高付加価値品は精密ろ過膜「マイクローザ」，食品包装用ラップフィルム「サランラップ」など，幅広い製品ラインナップを持つ。

こだわらず，各事業に応じて最適なビジネスモデル，スキームを追求していきます。この考え方には2つの視点があり，既存事業の視点では，既に保有しているアセットの最大活用による利益創出を目指します。特にマテリアル領域ではカーボンニュートラルに向けたGHG排出量削減の視点から，EXITの可能性等も含めた検討を進めています。また，新規事業の立ち上げの視点では，研究開発投資を一から自前で行い，事業化の設備も自己所有で行うことにはこだわらず，他社資本の活用など，最適な資本のかけ方を追求していきます。新規事業展開において「アセットライト」を志向することは「スピード」の向上にも繋がり，結果的に旭化成が優位なポジションを築ける分野にフォーカスされ「高付加価値」に繋がると考えています。

　経営環境変化により収益が想定より下回ったことを受け，改めて各事業のポジションと中期的な方向性をROICと利益成長率の観点から整理しています。ヘルスケア領域においては2022年度の業績は期待を下回る水準でしたが，一時的要因も多く，当初の利益成長計画から1年遅れ程度と捉えています。これまでの積極的な投資からの刈取りを徹底してROICを高めながら，非連続成長の機会を継続的にうかがい，持続的成長を目指します。住宅領域はグループにとってその安定的で高いキャッシュ創出を行う事業として，非常に重要な役割を担っています。アセットライトな事業モデルを展開し，高いROICを維持しながらも，海外住宅を中心とした成長機会については積極的に検討を進めています。マテリアル領域においてはデジタルソリューションが高いROICを維持しながら高成長も期待できる事業であり，非連続成長機会も含めて積極的な拡大施策を実行していきます。また環境ソリューションにおいては，セパレータや水素関連の事業の中期的成長ポテンシャルが高く，先行的な投資を当面は継続させる予定です。短期的にはそれらの投資からの利益貢献は期待しにくいため，当面の収益改善に向けた生産性向上などの取り組みを徹底します。それ以外の事業については，構造転換の加速が喫緊の課題となっており，特に基盤マテリアル事業を中心とした汎用的な製品については抜本的な打ち手を検討します。

(point) **リチウムイオン二次電池開発で高い技術力**

　当社の吉野彰フェローは，リチウムイオン二次電池開発における革新的な功績に対し，2013年度の「The Global Energy Prize」を受賞。2014年には小型軽量LIBの設計により「工学分野のノーベル賞」とも呼ばれる「Charles Stark Draper Prize」も受賞している。

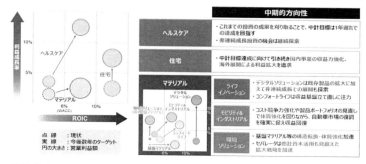

ii 成長戦略

　中期経営計画2024においては，次の成長を牽引する10の事業を「10の Growth Gears（以下，GG10）」として設定しました。Growth Gearには旭化成の成長を回すギアとともに，社会の変革を回していくギアという2つの意味を込めており，持続可能な社会の実現への貢献を加速していきます。「次の成長の為の挑戦的な投資」をGG10にフォーカスする考え方は変わりませんが，この1年の状況も踏まえGG10の中でもリソースアロケーションの優先順位をより明確にして推進しています。ヘルスケア領域における「クリティカルケア」，「グローバルスペシャリティファーマ」，「バイオプロセス」と，マテリアル領域のライフイノベーション事業の「デジタルソリューション」を"重点成長"分野と位置づけ，過去投資からの利益刈取りに注力しながらも，非連続成長を含む積極投資を継続させる予定です。環境ソリューション事業における「水素関連」，「CO2ケミストリー」，「蓄エネルギー（セパレータ）」の3つは，先行的投資の側面が強い"戦略的育成"分野と位置付けています。ハイポアにおける北米投資など，今中計期間に規模の大きな投資意思決定を行うことも見据えており，中期的視点での成長につなげます。GG10のそれ以外の事業は"収益基盤拡大"分野と位置づけ，安定収益創出を維持しながら，その収益基盤を確度高く強化できる投資を検討します。GG10に関しては2022～2024年度の累計投資額（意思決定ベース）で約6,000億円，2024年度のグループの事業利益の50%以上（本社共通費などを除く，事業利益の合計値に占める割合）という目標を掲げていますが，いずれも当初の予定に沿った形で進捗しています。

(point) 企業買収で救命救急医療事業に参入

　2012年春に約22億ドル（約1,800億円）でアメリカのZollを買収。救命救急医療（クリティカルケア）に事業参入し，クリティカルケア事業を立ち上げた。Zollは除細動器（AED）などを開発・販売しており，公共機関向け及び医療機関向け除細動器で世界トップ3に入る。最近は世界初の着用式除細動器（WCD）「LifeVest」のサービス提供を開始した。

次の成長を牽引する事業 10のGrowth Gears (GG10)			FY22~24投資規模と FY22の主な案件 (意思決定ベース；約円)		FY21⇒24の 利益成長*1
重点成長 ・過去投資からの利益創出 ・非連続成長も含めた積極投資を継続	クリティカルケア グローバルスペシャリティファーマ バイオプロセス	ヘルスケア	~2,000	・バイオ医薬品CDMOの米Bionova社買収	+約150億円 ↗
	デジタルソリューション	マテリアル ライフ イノベーション	~2,000	・バイメル（感光性樹脂材料）の増産力	+約100億円 ↗
戦略的育成 ・将来の成長ドライバー ・競争力強化の観点での提携戦略推進	蓄エネルギー（セパレータ） 水素関連 CO₂ケミストリー	マテリアル 環境 ソリューション	2,000~	–	→
収益基盤拡大 ・安定収益を維持しつつ、規模拡大機会を探索（確度の高い案件にフォーカス）	北米・欧州住宅 環境配慮型住宅・建材	住宅	~1,000	・米Focus社買収 ・豪Arden社買収	+約100億円 ↗
	自動車内装材	マテリアル 基幹ライフ インダストリ	~1,000	・米自動車内装材関連	+約100億円 ↗

*1: 営業利益+PPA償却費
*2: 比率は本社共通費などを除く, 事業利益の合計値に占める割合で算出

iii　構造転換や既存事業強化からのフリー・キャッシュ・フロー創出

　当初計画より業績が下回る状況を鑑み，事業の構造転換をこれまで以上に加速させていきます。これまで，COVID-19の影響等で足元の業績が悪化した「戦略再構築事業」の改革と，業績は堅調でも旭化成の目指す姿との適合性から事業の方向性を考える「抜本的事業構造転換」の2つのアプローチで進めておりましたが，事業におけるチェーンのつながりも踏まえてそれらのアプローチを統合して検討しています。対象事業の売上規模は約7,000億円以上（2021年度実績）と，幅広に初期的な検討を進めています。その中でも「戦略再構築事業」でEXITと判断した対象を含む複数の事業については，中計期間内に構造転換の完了を目指しており，それらの事業の売上高は合計で1,000億円以上の規模となります。また収益のボラティリティが改めて課題として浮き彫りになった汎用的な化学品などは，"石油化学チェーン関連事業"として売上高約6,000億円規模を検討対象（前述の1,000億円と重複する事業も一部含む）として，特にカーボンニュートラルを見据えた場合の事業の在り方に重きを置いて議論を進めています。検討においては，①JVなどによる他社との共同事業化，

　②事業からのEXIT，③カーボンニュートラル関連の技術開発・高付加価値化の推進，の3つの戦略オプションに対して，③を追求しながらも，①と②の可能

✒ point　生産及び販売の状況

　生産高よりも販売高の金額の方が大きい場合は，作った分よりも売れていることを意味するので，景気が良い，あるいは会社のビジネスがうまくいっていると言えるケースが多い。逆に販売額の方が小さい場合は製品が売れなく，在庫が増えて景気が悪くなっていると言える場合がある。

性も並行して検討しています。既に複数の事業にて方向性を確定して具体的なアクションを進めており，それ以外の事業についても2024年度中には方向性を確定させることを目指します。

iv　財務・資本政策

（外部環境・課題）

2022年度は事業環境悪化により，営業キャッシュ・フローは当初想定より減少しました。このような状況においても，中長期的な成長に資する案件への投資は，採算性をより精査しながら着実に実行しています。また，安定的配当を重視した株主還元方針に基づき，増配を決定しています。財務健全性を示すD/Eレシオは想定の水準を維持できているものの，生産性向上やコスト削減などによる体質強化を図り，アセットライトを意識した事業モデルへの転換などを通じて，当社グループのキャッシュ創出力や資本効率を持続的に高めていきます。

（具体的な方針・戦略）

■　資金の源泉と使途の枠組み

現中期経営計画の3年間における営業キャッシュ・フローは，収益低迷により当初見立てより減少し6,000〜7,000億円を見込んでいます。一方，投資キャッシュ・フローは，過去に意思決定した案件に対するキャッシュアウトが含まれていることもあり，当初見込み水準と同じ8,000〜9,000億円を想定しています。しかしながら，厳しい事業環境とキャッシュの状況を踏まえ，投資意思決定においては採算性をこれまで以上に厳しく精査し，厳選した案件にフォーカスしています。株主還元についても当初見込みと変わらず，3年間累計の還元総額で1,500〜1,800億円を計画しています。資金調達は有利子負債で行うことを基本とし，現段階では2,500〜5,000億円の増加を見込んでいますが，事業売却や投資の際の他社資本活用など，より戦略的観点でのキャッシュソースの確保も検討していきます。D/Eレシオは0.7程度，ネットD/Eレシオ0.6程度を見込んでおり，十分な財務健全性を維持できると考えています。

---

point　**対処すべき課題**

有報のなかで最も重要であり注目すべき項目。今，事業のなかで何かしら問題があればそれに対してどんな対策があるのか，上手くいっている部分をどう伸ばしていくのかなどの重要なヒントを得ることができる。また今後の成長に向けた技術開発の方向性や，新規事業の戦略ついての理解を深めることができる。

営業キャッシュフロー
3年間累計
6,000〜7,000億円

資金調達
有利子負債増減
+2,500〜+5,000億円
（D/Eレシオ0.7程度、ネットD/Eレシオ0.6程度）

＋

その他キャッシュ手当
（事業売却や投資案件での他社資本活用など）

投資キャッシュフロー
設備投資・投融資3年間累計（M&A含）
8,000〜9,000億円＊

＊キャッシュアウトベースの数字であり意思決定ベースと異なる

株主還元
3年間累計
1,500〜1,800億円

■　設備投資・投融資

　　現中期経営計画の3年間において累計1兆円超の意思決定を見込み，そのうち約6,000億円をGG10に投入することを予定しています。2022年度はこの計画に沿って着実に進捗しており，投資案件の選定にあたっては財務規律を重視し，「環境価値」「投資効率」「投資スキーム」の3点の視点で案件を精査していきます。「環境価値」視点ではカーボンプライシング等を考慮しても投資価値があるか，「投資効率」視点では最終的にその事業のROICが向上するか，「投資スキーム」視点では他社資本の活用等，より適した投資形態になっているか，このような視点を持って成長に向けたメリハリのある投資を実行していきます。

■　株主還元

　　2022年度はPolypore社ののれん及び無形固定資産の減損損失計上により当期純利益が大きく落ち込みましたが，配当を通じた安定的な株主還元を実現する方針を重視し，1株あたり配当金は36円と前年より2円増配しています。また，2023年度及び2024年度においても収益は当初計画を下回る状況を見込んでいますが，安定的な株主還元を行う方針は堅持し，1株当たり配当金は現状水準の維持・向上を予定しています。自己株取得は資本構成適正化に加え，投資案件や株価の状況等を総合的に勘案して検討・実施していきます。配当政策については，「第4　提出会社の状況　3　配当政策」と合わせてご参照ください。

■　資本効率の改善と企業価値の向上

---

point　**「新しい社会価値の創出」の具体例**

　　自社開発リチウムイオンキャパシタ（LiC：LiB等との組合せで電力の高効率利用を可能にする蓄電デバイス）部材の事業化。ガン免疫療法の樹状細胞ワクチン療法技術を持つるテラ社との共同研究により細胞プロセッシング装置の開発を目指す。紫外線発光ダイオード（UV-LED）による殺菌デバイス等（飲料水の殺菌等を想定）の展開など。

現中期経営計画ではこれまで以上に資本効率を重要視しています。収益計画の見直しを受け，自己資本利益率（ROE）の2024年目標を11%以上から9%以上に下方修正しましたが，資本効率の向上を強く意識した施策に引き続き取り組みます。具体的には，投下資本利益率（ROIC）が加重平均資本コスト（WACC）を継続的に下回るような低資本効率事業の構造転換，営業収益力強化や製造原価低減に加え販管費削減などの収益力強化などに取り組み，ROEの改善を目指します。株価収益率（PER）の観点では，石油化学チェーン関連事業の構造転換を着実に実行すること，過去に行ったヘルスケア等への投資からの利益成長を実現させること，さらには長期的視点での当グループの成長に向けた水素やセパレータ事業の展開を実行していきます。これらの施策を通じ，株価純資産倍率（PBR）の早期向上を目指します。

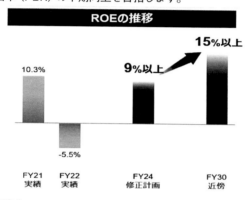

ROEの推移

10.3%　FY21 実績
-5.5%　FY22 実績
9%以上　FY24 修正計画
15%以上　FY30 近傍

Ⅴ　経営基盤の強化

経営環境の不透明さが増す中では，事業を支える土台となる経営基盤をより強固にすることが重要であると考えています。経営基盤強化として，「無形資産の最大活用」「Green（グリーントランスフォーメーション）」「Digital（デジタルトランスフォーメーション）」「People（人財のトランスフォーメーション）」「リスクマネジメントの強化」「コーポレート・ガバナンスの最適化」について重点的に取り組んでいます。

■　無形資産の最大活用

---

point **グローバルリーディング事業の最低条件**

旭化成は，グローバルリーディング事業の最低条件を，技術が優秀である上，マーケットをしっかり握っており，技術とマーケットにおける世界的なリーダーシップを有する事としている。例えばアクリロニトリル（AN）事業では，従来のプロピレンに加え天然ガス由来のプロパン等の多様な原料を使用可能な独自製造技術を持ち，世界シェアも2位を維持していること，海外での積極拡大を志向するグローバルリーディング事業としての最低条件を満たしている。

当社グループでは，3領域にまたがり，人財，コア技術，マーケティングチャネル等，多様な無形資産を持ち，活用できることが強みであり，デジタルを活用し，これらの無形資産を最大限コネクトさせることによって，戦略構築や新事業の創出を推進しています。

具体例はマテリアル領域の取り組みである「P-PaaS: Product based Platform as a Service」です。単なるモノ売りではなく，当社ノウハウや，顧客接点等の無形資産を活かしたソリューション型事業への転換に取り組んでいます。旭化成の素材・製品の付加価値をベースとして，顧客の価値向上となるプラットフォームを提供するというコンセプトをP-PaaSと表現し，その可能性を追求しています。既にそのコンセプトに沿っている取り組みも複数進んでおり，クラウド型生鮮物流ソリューション「Fresh Logi ™」や偽造防止デジタルプラットフォーム「Akliteia®（アクリティア）」など，顧客のビジネスプロセスを変革できるソリューションを提供していきます。

また，当社グループでは，従来から知財情報の戦略的活用を志向しており，事業戦略に知財情報を活用するIPランドスケープ（以下，IPL）活動を全社的に推進してきました。知財部門の強みであるIPLと知財の実務能力を融合させることで，知財部独自の視点に立った事業戦略モデル案の策定・提言活動を実施しています。IPLの詳細は「6　研究開発活動　2　基盤的な取り組み（2）知的財産の活用」もご参照ください。

企業の強みとなる無形資産を活用して競争力の維持・強化を図り，中長期的な企業価値を創造するサステナブルなビジネスモデルを構築し，それを巡る企業経営者と投資家との間の相互理解と対話・エンゲージメントを促進させる必要性が増し，企業価値向上に知財面から貢献する意義が益々高まってきました。上記の背景から，当社グループでは2022年度に社長直下に知財インテリジェンス室を創設し，無形資産の多面的な可視化による情報解析等を通して，経営・事業戦略策定に貢献しています。今後も，グループ全体での無形資産の活用をさらに加速し，企業価値向上に繋げていきます。

■　Green（グリーントランスフォーメーション）

・カーボンニュートラルでサステナブルな社会の実現に向けた活動

（温室効果ガス（GHG）の削減）

　持続可能な社会の実現に向けて，当社グループは2021年5月に，2050年時点でのカーボンニュートラル（実質排出ゼロ）を目指すことを表明しました。当社グループの事業活動に直接関わるGHG排出量であるScope1（自社によるGHGの直接排出），Scope2（他社から供給された電気・熱・蒸気の使用に伴う間接排出）の排出量を対象としています。カーボンニュートラルを実現するため，エネルギー使用量の削減，エネルギーの脱炭素化，製造プロセスの革新，高付加価値／低炭素型事業へのシフトなど，実現に向けたロードマップを策定し，目標達成に向けて取り組みを加速させていきます。また，2030年には，2013年度対比でGHG排出量を30％以上削減することを目指しています。

　その具体化のため，2022年度にはカーボンニュートラル担当役員を設置するとともに，カーボンニュートラル推進プロジェクトを新設し，GHG削減策の具体的検討，2030年，2050年目標達成へのシナリオ案の検討，コスト試算等を実施しました。2022年度に実施した個別の施策としてはエネルギーの低炭素化の推進が挙げられます。2022年3月に燃料転換工事（石炭から液化天然ガス[LNG]への転換）が完工した火力発電所は順次に稼働を開始しました。また，数十年にわたり活用してきた水力発電設備について，今後も長く活用できるよう，設備の更新と効率化の工事を順次進めています。旭化成ホームズ㈱では，「ヘーベルメゾン™」の屋根に太陽光発電設備を設置する取り組みを進めており，発電した電気を事業に活用しています。さらには，国内外の機能樹脂コンパウンド拠点など，外部からの電力を購入している工場では，証書，クレジットを活用した電力実質再エネ化の取り組みを開始しました。

　当社グループの事業活動におけるGHG排出量の削減はもとより，お客様も含めたバリューチェーン全体でのGHG排出量削減を進めるためには，当社製品に関わるGHG排出量を的確に把握することが必要です。そこで，製品のカーボンフットプリント（原料採掘から製品生産までのGHG排出量）算定に関する取り組みも推進し，主要製品での算定を進めるとともに，算定のシステム化も開始しました。

　カーボンニュートラル実現に向けた事業化の検討と推進も引き続き加速して

(point) **事業等のリスク**

「対処すべき課題」の次に重要な項目。新規参入により長期的に価格競争が激しくなり企業の体力が奪われるようなことがあるため，その事業がどの程度参入障壁が高く安定したビジネスなのかなど考えるきっかけになる。また，規制や法律，訴訟なども企業によっては大きな問題になる可能性があるため，注意深く読む必要がある。

います。水素関連においては，設備の大型化や変動する再生可能エネルギー由来の電力活用にも対応できる信頼性の高い製品の技術開発を行うため，川崎製造所において，水素製造用のアルカリ水電解パイロット試験設備の導入を決定しました。詳細は，「6　研究開発活動　3　主な研究開発活動（1）当社グループ全体（「全社」）アルカリ水電解システムの開発」をご参照ください。技術開発以外の点では，水素バリューチェーン推進協議会（JH2A）に理事会員として，また，Hydrogen Council（水素協議会）にステアリングメンバーとして参画し，水素に関する情報収集，当社技術のPR，プレゼンスの向上，他社との協業機会の探索を開始しました。一方，バイオエタノールから基礎原料を創出する技術の開発も進めています。バイオエタノールは様々なバイオマス原料の中で，大量かつ比較的安価に入手できる可能性が高い原料であること，また，当技術は既存のコンビナートやプロセスの利用が可能であることから，化学産業のグリーン化に資するものと考えており，実現に向けたさらなる技術開発を進めていきます。

　一方，当社グループの製品やサービスで世界のGHG排出量削減に貢献することも重点テーマです。当社では第三者の専門家の視点を入れて妥当性を確認した，GHG排出量削減効果を期待できる製品・サービスを「環境貢献製品」として拡大・普及することを進めています。2022年度までの累計で20事業・製品を「環境貢献製品」として位置付けました。これらの「環境貢献製品」によるGHG削減貢献量を，2030年度には2020年度の2倍以上とし，また売上高に占める割合も高めていくことを目標とし，様々な取り組みを実施しています。

　なお，気候変動が企業の財務に与える影響を分析し開示するよう求める「TCFD提言」に基づく検討を行い，結果を開示しています。詳細は，「2　サステナビリティに関する考え方及び取組（1）サステナビリティ共通　②気候関連財務情報開示タスクフォース（TCFD）への対応」をご参照ください。
（プラスチックの課題への対応）
　当社グループでは，プラスチックが海洋に流出することや，マイクロプラスチックとして地球環境，生態系に悪影響を及ぼすことを防ぐのはもとより，限りある資源を持続可能なものとして活用していくための取り組みを進めていま

す。例えば，世界で広く用いられている汎用プラスチックの1つであるポリスチレンについて，グループ会社のPSジャパン（株）がケミカルリサイクルの実証に向けた最終の準備を進めています。また，ポリエチレンについては，消費財メーカー，成型メーカー，リサイクル業者等のサプライチェーンの関係者や大学と協力し，リサイクル技術の開発に関する取り組みを推進しました。ただし，使用済みプラスチックを廃棄物とせずに資源として活用していくためには，技術の開発だけでなく，消費者も含めた社会全体の取り組みが必要であり，当社では再生プラスチックの資源循環を可視化するプラットフォーム「BLUE Plastics（Blockchain Loop to Unlock the value of the circular Economy，ブルー・プラスチックス）」の開発を進めています。2022年9月には，株式会社ファミリーマート，伊藤忠商事株式会社，伊藤忠プラスチックス株式会社との協業で，株式会社ファミリーマートの都内店舗での実証を行いました。使用済みペットボトルを回収BOXに投函したあと，リサイクル素材に加工されるまでを，スマートフォンのアプリでトレース（追跡）できるサービスの実証実験です。この取り組みを通じて，デジタルプラットフォームによるトレーサビリティの価値を確認し，さらなるプラスチック資源循環を推進していきます。

　また，持続可能な製品の国際的な認証制度の一つであるISCC PLUS認証を複数製品で取得しました。当認証は，バイオマス原料や再生原料等が，製品製造を含むサプライチェーンにおいてマスバランス方式で適切に管理されていることを第三者機関が確認し認証するものです。今後，顧客や社会からの期待に応じ，当認証取得製品を提供していきます。なお，プラスチックや循環経済に関する諸課題への対応は，各社共通のテーマでもあることから，当社グループはCLOMA（クリーン・オーシャン・マテリアル・アライアンス），循環経済パートナーシップ（J4CE），一般社団法人日本化学工業協会，日本プラスチック工業連盟等のアライアンスや業界団体の活動にも積極的に参画し，課題への取り組みを他社と協力しながら推進しました。

自社と社会のGHG排出量削減施策を着実に実行。様々な産業の"脱炭素化のパートナー"として選ばれる企業を目指す

■ Digital（デジタルトランスフォーメーション）

　　当社グループが持つ多様な無形資産を活用し，ビジネスモデルを変革し価値創造をリードするものとして，デジタル技術の活用を積極的に推進しています。推進にあたっては，全体ロードマップを策定し，2021年度までを現場に密着し実課題をデジタル技術で解決する「デジタル導入期」及び事業軸・地域軸・職域等に横串を刺しデジタルを展開する「デジタル展開期」として，デジタルトランスフォーメーション（以下，DX）推進の基礎固めを進めてきました。2022年度からは「デジタル創造期」としてデジタル基盤強化，経営高度化，ビジネス変革の視点で，DXによる経営革新を実現し，今後，グループ会社全体，全社員がデジタルを活用するのが当たり前になる「デジタルノーマル期」を目指しています。これまでの取り組みにより，当社は経済産業省が東京証券取引所と共同で選定する「DX銘柄2021」「DX銘柄2022」「DX銘柄2023」に3年連続で選出され，経済産業省・厚生労働省・文部科学省の三省の共同著書「ものづくり白書」にも取り組みが掲載されました。

(point) **財政状態，経営成績及びキャッシュ・フローの状況の分析**

　「事業等の概要」の内容などをこの項目で詳しく説明している場合があるため，この項目も非常に重要。自社が事業を行っている市場は今後も成長するのか，それは世界のどの地域なのか，今社会の流れはどうなっていて，それに対して売上を伸ばすために何をしているのか，収益を左右する費用はなにか，などとても有益な情報が多い。

2022年からは「デジタル創造期」

また，当社グループ全体でのDXに関する活動が認められ，様々な団体からの表彰等，評価を頂いています。

・日経B2Bマーケティングアワード大賞（デジタルマーケティング）
・HRX of the Year 2022優秀賞（人材育成）
・JDMC2023年データ人材賞（人材育成）
・Forbes CIO Award 2022経営貢献賞（DX全般）
・SAP Japan Customer Award 2022（サステナビリティ）

（DX推進体制の強化）

グループ全体でDXを加速していくために，推進体制の強化に継続して取り組んできました。2021年4月にデジタル共創本部を設立後，いくつかの重要な組織変更を行いました。2022年4月には，全社展開を加速したい営業・マーケティング領域について，体制強化を行い，カスタマーエクスペリエンス（CX）戦略強化をしています。また旭化成グループのDX推進・企画について一元的に各組織の業務・施策を効果的に推進するDX経営推進センターを設置しました。さらに，2023年1月にはDX経営推進センター内にデジタルタレント戦略室を新設し，全社員デジタル人財化計画やオープンバッジなどの人財育成カリキュラムを運営しています。また，各事業部門のトップとデジタル共創本部の連携体制（リレーションシップマネージャー制度）を整え，各事業における課題・重点テーマ等を共有し，密に連携して具体的な取り組みを進めています。

（人財の育成）

　デジタル人財の育成も積極的に実施しており，グループ全従業員がデジタルリテラシーを身につけ，全社員がデジタル活用のマインドセットで働く「4万人デジタル人財化」構想の下，DXオープンバッジ教育プログラムを進めています。このプログラムはレベル1から5までの5段階でデジタルリテラシーとスキルを向上させていく構成になっています。また，このような育成プログラムの実施や採用を通じて，高度なデジタル技術とデータを活用し，事業の課題解決や，新しい価値・ビジネスモデルを創出できるデジタルプロフェッショナル人財の育成・獲得を積極的に進めています。2022年度末にデジタルプロフェッショナル人財1,206名を育成・獲得し，現時点の目標は予定どおり達成しました。

（デジタル創造期の3つの柱）

　2022年度からは「デジタル創造期」として，デジタル基盤強化，経営の高度化，ビジネスモデル変革を推進しています。デジタル基盤の強化では，デジタル人財の育成・獲得の加速，デザイン思考等を活用したアジャイル開発のグループ全体への浸透，データ活用促進等を進めています。経営の高度化では，経営の見える化／意思決定への活用，知的財産活用の高度化，人財を活かすための活用，先端研究開発，カーボンフットプリントの見える化等に取り組んでいます。ビジネスモデル変革では，無形資産の価値化／共創の加速，マーケティングの革新，サプライチェーン連携，新事業創出，スマートファクトリー等に取り組んでいきます。この3つの視点で共通の技術やノウハウを生かしグループを横断するプロジェクトとして行うとともに，各領域毎に具体的テーマが進んでいます。また，DXの進捗を測るKPI（2024年度目標）として「DX-Challenge10-10-100」を定めました。2022年度末で，デジタルプロフェッショナル人財を2021年比で10倍（グローバル全従業員のうち2,500名程度）の目標に対し1,206名，グループ全体のデジタルデータ活用量を2021年比で10倍の目標に対し2.6倍，そして通常活動のDX活用による利益貢献に加え，選定した重点テーマで100億円の増益貢献（2024年度までの3年累計）に対して28億円の実績となっています。デジタルで多様な資産を最大限に活用し，ビジネスモデルを最速で変えていきます。

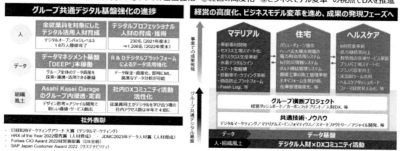

■ People（「人財」のトランスフォーメーション）

　当社は1922年に創業し，2022年に100周年を迎えましたが，この間事業ポートフォリオを大きく変革してきました。1960年代には石油化学事業と繊維事業が売上高の大半を占めていましたが，社会課題の解決に向けた事業展開により，現在は3領域経営を進めています。大きな変革を遂げながら成長してきましたが，今後も，持続可能な社会に向けてさらなる変革が必要です。

　そのなかで現中計では，従業員に求める心構えとして「A-Spirit」という言葉を掲げています。旭化成の「A」と，アニマルスピリットの「A」をかけたもので，具体的には，野心的な意欲，健全な危機感，迅速果断，進取の気風，という4つのことを強く意識し，チャレンジングな人間，チャレンジングな人財であってほしいと伝えています。また，そのような想いから，挑戦・成長を自ら求めていく「終身成長」と，多様性を促す「共創力」を人財戦略の柱としています。これらは，当社グループが100年かけて培ったグループバリュー，多様性，自由闊達な風土などの無形資産をさらに磨き，活かしきるということでもあります。

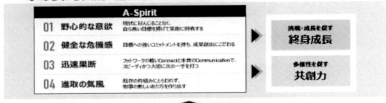

「終身成長」に関しては，一人ひとりが自立的にキャリアを描き，成長に向けた学びや挑戦を進めること，そして，リーダーが個人とチームの力を最大限引き出せるようマネジメント力を強化することが重要と考えています。また「共創力」に関しては，多様性を"拡げる""つなげる"という視点でさまざまな取り組みを進めています。主要KPIとしては，「高度専門職任命者数」，「従業員エンゲージメント（成長行動指標）」「ラインポスト＋高度専門職における女性比率」を掲げており，下図のとおり順調に推移しています。

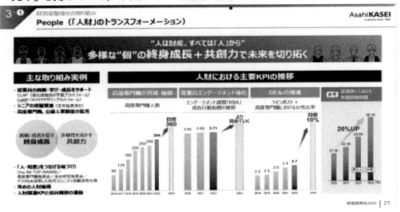

(point) 健全かつ強靭な財務体質を誇る

旭化成の2013年度末の純有利子負債/株主資本（ネットD/E）倍率は0.16倍，株主資本比率は48％であり大手総合化学企業群の中で最も健全な財務体質だ。将来の成長に対する機動的な積極投資が可能な強靭な財務体質を維持していると言える。ちなみに設備投資額が大きいJRなどの鉄道会社はネットD/Eが2倍を超えるところもある。

また，2022年度より次の3点を役員報酬に連動させ，取り組みを加速させています。

指標	指標の算定方法	2022年度目標値・基準値	2022年度実績値
働きがい	メンタルヘルス不調による休業者率	0.80%	1.07%
ＤＸ	デジタルプロフェッショナル人財総人数	1,000名	1,206名
ダイバーシティ	ラインポスト及び高度専門職における女性の占める割合	3.9%	3.8%

具体的な取組みについては，「第2　事業の状況　2　サステナビリティに関する考え方及び取組（2）人的資本に関する開示」を参照ください。

■　リスクマネジメントの強化

詳細は，「第2　事業の状況　3　事業等のリスク」をご参照ください。

■　コーポレート・ガバナンスの最適化

詳細は，「第4　提出会社の状況　4　コーポレート・ガバナンスの状況等」をご参照ください。

vi　財務・非財務主要KPI

中期経営計画2024の実行，そして，その先の目指す姿の実現のために，財務・非財務のKPIを明確にして，各施策を実行していきます。財務KPIにおいては，利益成長・資本効率・事業ポートフォリオ転換の視点で，2024年度目標・2030年度目標を設定し，具体的な施策の実行を進めていきます。非財務KPIに関しては，10の成長を牽引する事業（GG10）における有効特許件数の割合，デジタルプロフェッショナル人財と高度専門職の育成・獲得，そして，当社GHG排出量，環境貢献製品を通じたGHG削減貢献量を主要なKPIとして設定し推進を加速していきます。

(point) **設備投資等の概要**

セグメントごとの設備投資額を公開している。多くの企業にとって設備投資は競争力向上・維持のために必要不可欠だ。企業は売上の数％など一定の水準を設定して毎年設備への投資を行う。半導体などのテクノロジー関連企業は装置産業であり，技術発展がスピードが速いため，常に多額の設備投資を行う宿命にある。

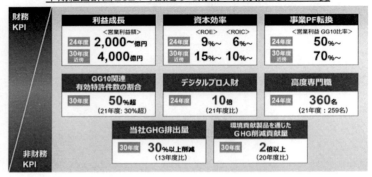

中期経営計画2024で設定した財務・非財務主要KPI一覧

③ 各セグメントの経営方針・経営戦略等 ‥‥‥‥‥‥‥‥‥‥‥‥‥‥‥‥‥‥‥‥

各セグメントにおいて次の成長を牽引する事業（GG10）に重点的にリソースを投入していきます。GG10の詳細は「② 当社グループ全体の経営方針・経営戦略等 ＜経営方針・経営戦略＞ ⅱ 成長戦略」をご参照ください。各セグメントの経営方針・経営戦略は以下のとおりです。

Ⅰ 「マテリアル」セグメント ‥‥‥‥‥‥‥‥‥‥‥‥‥‥‥‥‥‥‥‥‥‥‥‥‥‥‥‥

本セグメントにおいては石油化学関連の収益安定化を図りながら，付加価値の高い事業の構成比を高めることで利益成長を目指します。

●価値提供分野：「Environment & Energy」，「Mobility」，「Life Material」
●基本戦略：カーボンニュートラルの実現に向け，既存の延長線ではない戦略・戦術でポートフォリオ変革を図り，収益性と投資効率の向上を目指す
●経営指標：営業利益成長，営業利益率，ROIC

＜経営環境・経営課題＞

本セグメントにおいては，「第1 企業の概況 3 事業の内容」に記載のとおり，セパレータや石油化学関連製品を中心とする環境ソリューション事業，自動車用途向け製品を中心とするモビリティ＆インダストリアル事業，電子部品・電子材料，繊維，消費財を中心とするライフイノベーション事業を運営しています。これらの事業において，ビジネスモデルや市場の状況，競争優位性等の事業環境は，

（point）**主要な設備の状況**

「設備投資等の概要」では各セグメントの1年間の設備投資金額のみの掲載だが，ここではより詳細に，現在セグメント別，または各子会社が保有している土地，建物，機械装置の金額が合計でどれくらいなのか知ることができる。

製品群によって大きく異なるため，各事業が置かれている環境認識に基づいた経営課題に対して取り組んでいます。本セグメント全体の観点では，事業ポートフォリオの転換を最も重要な経営課題と認識し，次の成長分野への重点的な投資を行う一方で，既存アセットを最大活用することでのキャッシュ創出や事業の構造改革を推進しています。本セグメントにおける経営環境は以下のとおりと認識しています。

i 環境ソリューション事業
- 主要国における電気自動車等の環境対応車の需要の急速な立ち上がりと，それに向けたリチウムイオン電池需要の高まり
- カーボンニュートラルの動きを受けた，石化関連製品の中長期視点でのサステナビリティ対応の加速・脱炭素に貢献する技術やソリューションに対するニーズの急速な高まり

ii モビリティ＆インダストリアル事業
- 次世代モビリティで求められる安全，快適，環境にやさしい素材ニーズの高まり

iii ライフイノベーション事業
- 電気自動車の普及やデジタル社会への進展に伴う，先端半導体技術のニーズの高まり
- 通信技術の高度化や衛生意識の変容等，新たなライフスタイルによる様々なセンシングニーズの高まり

＜経営方針・経営戦略＞
本セグメントにおける主な取り組みの方針・進捗は，以下のとおりです。

i 環境ソリューション事業
■価値提供の方向性：独自の技術・知見を活かした新しい価値の創出
- これまでに培った技術や知見などの事業基盤を活かした，旭化成が目指す2つのサステナビリティ（"持続可能な社会への貢献"と"持続的な企業価値向上"）の好循環の実現への貢献
■主な取り組み
- グリーンソリューション推進（水素関連の事業化推進，CO2ケミストリーの

(point) **高性能断熱材「ネオマフォーム」に注力**

建材事業の主力は軽量発泡コンクリート（ALC）「ヘーベル」だが，次の柱として断熱材「ネオマフォーム」に注力している。熱伝導率が断熱材中最小である加え，熱硬化性樹脂であるフェノール樹脂の特長である難燃性の高さなどを武器に拡販を図っている。エネルギー効率向上への関心が高まっており，事業環境は良好と言える。

多面的展開）
- 蓄エネルギー分野の深耕（セパレータ事業の成長追求，知見を活かした新しい事業展開）
- カーボンニュートラルに向けた取り組み推進（石化事業の中期的な転換，グループ横串体制での取り組み加速）

ii　モビリティ＆インダストリアル事業

■価値提供の方向性：提案型事業へのシフト
- 電気自動車等の環境対応車に求められるサステナビリティ要求に対する，軽量かつ安全な製品のコンセプト提案，環境調和型素材の提案
- キーカスタマーへの横断的なマーケティング強化

■主な取り組み
- 自動車内装ファブリック事業：Sage　　　　Automotive Interiors, Inc. を 中心とした事業の拡大と合理化，買収したAdientplcの自動車内装ファブリック事業や環境特性に優れた人工皮革「Dinamica®（旧ラムース®）」との相乗効果の追求
- エンジニアリング樹脂事業：自動車構造部品や自動車用リチウムイオン電池構造部品に向けたエンジニアリング樹脂発泡体「サンフォース®」展開の加速やCAE（Computer Aided Engineering）等のデジタル技術活用を通じた自動車メーカーの開発パートナーとしての価値提供

iii　ライフイノベーション事業

■価値提供の方向性：先進・独自技術による高付加価値素材の提供
- デジタル社会の進展で求められるニーズへの，特徴ある部品・部材，ソリューションの提供
- 生活者の視点に立った，健康で快適な暮らしに貢献する製品・サービスの提供

■主な取り組み
- 電子材料，基板材料事業：DXの加速による最先端半導体を支える革新材料開発の強化
- 電子部品：省エネ・快適市場において競争力のあるセンシングデバイス・ソ

リューションの展開
- 電子材料と電子部品との融合による特徴ある部材・部品，ソリューションの展開
- 新事業の展開加速：半導体プロセス材料の事業拡大に向けた共同研究・開発の促進，次世代パワーデバイス用途に最適な電流センシングデバイスの製品展開，CO_2 センサー，アルコールセンサーなどを活用した快適・安全・安心な車室空間ソリューションの提供，センシング技術と高性能な保冷素材を活用した鮮度保持ソリューション「FreshLogi™」の展開
- CO_2 センサー，アルコールセンサー事業：各種センサーを活用した快適・安全・安心な車室空間ソリューションの提供

Ⅱ 「住宅」セグメント

- ●価値提供分野　：「Home & Living」
- ●基本戦略　　　：国内事業は生涯にわたる顧客価値の最大化，海外事業は成長投資継続とこれまでの投資からのリターン創出による，高いROSとROICの維持と，キャッシュ創出力の向上
- ●経営指標　　　：営業利益成長/ROS，売上高FCF率

＜経営環境・経営課題＞

日本国内の建築請負事業においては，COVID-19の影響で，住宅展示場来場者数の減少により，新規集客・受注活動に影響が出ていますが，都市・近郊・郊外それぞれのエリア特性やお客様のニーズに合わせたきめ細かいサービスを実施していくことで引続き高品質な住まいの提案に努めています。依然として先行き不透明な状況が続くため，従来の住宅展示場に依った集客・受注活動からデジタル技術を活用した新たなビジネスモデルへ転換することが課題です。一方，自然災害の多発化，COVID-19による顧客意識の変容，人生100年時代におけるライフスタイル・ワークスタイルの多様化，さらに脱炭素化の加速により，住宅を取り巻くニーズは変化し続けています。今後は，災害に強く安心できるレジリエンス（防災力）の高い住宅，環境負荷を低減する住宅やシニア，子育て世帯が安心かつ快適に生活できる住宅等の事業機会は益々広がっていくと考えています。これらの

(point) **設備の新設，除却等の計画**

　ここでは今後，会社がどの程度の設備投資を計画しているか知ることができる。毎期どれくらいの設備投資を行っているか確認すると，技術等での競争力維持に積極的な姿勢かどうか，どのセグメントを重要視しているか分かる。また景気が悪化したときは設備投資額を減らす傾向にある。

機会に対応し，都市で培ったノウハウを活かし，日本国内の関連市場へ新事業を展開していくこと，また，日本国内市場の成長の鈍化を踏まえて，海外市場へ事業展開を加速していくことが課題であると考えています。

＜経営方針・経営戦略＞

　本セグメントにおける主な取り組みの方針・進捗は，以下のとおりです。

i　デジタル技術を活用したマーケティング等による集客，受注活動の推進や生産性の向上

ii　サステナビリティ実現に向けた取り組み強化

・旭化成ホームズ（株）が参加しているRE100目標達成に向けた早期実現の推進

・ZEH（ネット・ゼロ・エネルギー・ハウス）・ZEH-M（ゼッチ・マンション）普及に向けた取り組みの推進

・集合住宅「ヘーベルメゾン™」の太陽光発電設備で創出した環境価値による当社及び旭化成ホームズ（株）の本社使用電力のグリーン化の推進

・環境貢献度の高い断熱材「ネオマフォーム™」の拡販

・環境省による「生物多様性のための30by30アライアンス」への旭化成ホームズ（株）の参加

iii　レジリエンスの強化

・耐震性・耐火性の高い住宅や防災科学技術研究所とのリアルタイム地震被害推定システム研究など，安心できる住まいを実現させる取り組みの推進

・DX技術を活用したプッシュ型の災害時無人対応システムによる，お客様へ災害時における安心の提供

・他社とともに推進してきた「宮益坂ビルディング」建替え事業が「ジャパン・レジリエンス・アワード（強靭化大賞）2023」において，「準グランプリ・金賞」を受賞

・旭化成ホームズ少額短期保険（株）が開発した独自の保険商品とサービス体制で災害時の安心提供を強化する取り組みが，「ジャパン・レジリエンス・アワード（強靭化大賞）2023」において「最優秀賞」を受賞

---

iv　海外事業の展開加速

・豪州事業

　　事業を開始したニューサウスウェールズ州のほか，新たにビルダーを買収するなど他州にも事業エリアを拡大しています。ビルダー単独・サプライヤー単独では成しえない競争優位性の高い豪州モデルを確立させることで，豪州における注文住宅の建築請負及び分譲住宅の販売においてトップブランドを目指します。2023年2月には豪州子会社のNXT Building Group Pty Ltd（旧McDonald Jones Homes Pty Ltd）を通じて，ビクトリア州で戸建住宅の建設・販売を行うArden Homes Pty Ltdを買収し，豪州市場において更なる事業拡大を目指します。

・北米事業

　　大手建築部材サプライヤーErickson社，基礎工事や設備工事を行うAustin社，配管工事を行うBrewer社とともにシナジーの発揮を目指す体制の構築に努め，旭化成ホームズ（株）が持つ工業化住宅のノウハウを通じて，製造や施工現場での多岐にわたる工程を合理的に担えるサプライヤーモデルを確立させることで，施工合理化と高品質な建物の提供を目指します。2022年10月には，米国の住宅の建築工事を行うサプライヤーのFocus社（Focus Plumbing LLC等5社）を買収し，米国の住宅建築における生産性や品質の更なる向上を目指します。

Ⅲ　「ヘルスケア」セグメント ·····················

- ●価値提供分野 ：「Health Care」
- ●基本戦略　　：医薬・医療機器の双方でグローバル市場の幅広い事業機会を捉え，グループの利益成長を牽引
- ●経営指標　　：EBITDA成長/EBITDAマージン，ROIC

＜経営環境・経営課題＞

　　医薬事業において，COVID-19の影響によるMR（医薬情報担当者）の対面活動の制限は継続しているものの，オンラインでの企画の強化やチャネルの拡大など病院訪問を前提としないMR活動の推進や，米国における感染拡大影響の緩和

(point) 連結財務諸表等

　　ここでは主に財務諸表の作成方法についての説明が書かれている。企業は大蔵省が定めた規則に従って財務諸表を作るよう義務付けられている。また金融商品法に従い，作成した財務諸表がどの監査法人によって監査を受けているかも明記されている。

により売上は堅調に増加しています。また，医療事業においては，生物学的製剤市場の継続的な成長と製薬会社における新薬の開発及び商業生産化へのニーズの高まりにより，ウイルス除去フィルターの需要が増加しています。今後もこの基調が継続するものと予測しており，安定生産と生産能力増強を通じて供給責任を果たしていきます。クリティカルケア事業においては，除細動器の半導体等の部材調達難による販売数量の減少や，景気後退を背景とした北米における医療機関向け除細動器の受注の減少により2022年度は成長が一時的に停滞しましたが，この状況は徐々に改善しつつあり，今後も成長を継続していく見通しです。

　中長期的には，医療費削減圧力が高まることによる国内の市場成長の鈍化が予想される一方，先進諸外国においては，より良い医療に対するニーズの高まりや長寿社会の進展に伴い，引き続き安定的な市場成長が継続すると認識しています。そのため，「ヘルスケア」セグメントの中長期的な成長のための課題は，グローバルにおける事業展開を加速することであり，当社グループに足りない経営資源を追加・補強する手段としてM&Aやライセンス導入による事業開発を位置付けています。2022年度は，医療事業においてBionova Scientific, LLC（次世代抗体医薬品CDMO）の買収を通じて，既存のバイオプロセス製品事業，装置事業，バイオセーフティ試験受託サービス事業に加え，バイオ医薬品CDMO事業に参入しました。今後は，2021年度にZOLL Medical Corporationが買収したRespicardia, Inc.とItamar Medical Ltd.の2社や，上述のBionova Scientific, LLCなどの収益成長による投資成果の刈り取りを図るとともに，既存事業の成長とM&A等の事業開発の活用を継続することで成長を続け，医薬・医療機器の双方でグローバル市場における幅広い事業機会を捉え，当社グループの成長を牽引する柱となることを目指します。

＜経営方針と経営戦略＞

　本セグメントにおける主な取り組みの方針・進捗は，以下のとおりです。

i　クリティカルケア事業

　心肺蘇生を中心とした既存事業の持続的成長，及び企業買収を通じた既存事業強化と周辺領域への拡大による重篤な心肺関連疾患領域での成長。近年，買収した企業は以下のとおりです。

(point) **連結財務諸表**

　ここでは貸借対照表（またはバランスシート，BS），損益計算書（PL），キャッシュフロー計算書の詳細を調べることができる。あまり会計に詳しくない場合は，最低限，損益計算書の売上と営業利益を見ておけばよい。可能ならば，その数字が過去5年，10年の間にどのように変化しているか調べると会社への理解が深まるだろう。

- 2019年6月　Cardiac Science Corporation（自動体外式除細動器（AED））
- 2019年6月　Ther Ox, Inc.（急性心筋梗塞治療用機器）
- 2021年4月　Respicardia, Inc.（中枢性睡眠時無呼吸症治療植え込み型神経刺激デバイス）
- 2021年12月　Itamar Medical Ltd.（睡眠時無呼吸症在宅検査・診断ソリューション）

ii　医薬事業（海外）

- 免疫・移植周辺を中心とした疾患領域，及び大病院市場へフォーカスし，旭化成ファーマ（株）とVeloxis Pharmaceuticals, Inc.の連携のもとで事業開発，臨床開発，販売を推進しています。また2021年度より，両社協同でART-123の化学療法誘発性末梢神経障害（CIPN）の発症抑制に関する日米国際共同第1相臨床試験を開始しました。
- Veloxis Pharmaceuticals, Inc.の腎移植手術患者向け免疫抑制剤「Envarsus XR」の着実な伸長，及びOSE ImmunotherapeuticsSAから導入したCD28阻害薬「FR104」（臓器移植における新規免疫抑制薬）を開発しています。

iii　医薬事業（国内）

　重点領域（整形外科領域，救急集中治療，免疫）における新薬上市と販売の拡大を継続します。整形外科領域においては，骨粗鬆症治療薬「テリボン®オートインジェクター」の更なる市場への浸透を図ります。免疫領域においては，関節リウマチ治療剤「ケブザラ®」と，2021年度にサノフィ株式会社より導入した免疫調整剤「プラケニル®」の更なる市場浸透を図ります。研究開発においては，オープンイノベーションや事業開発を活用し，重点領域におけるパイプラインを拡充しています。

iv　医薬事業

　生物学的製剤の市場成長に合わせたウイルス除去フィルター「プラノバ™」の市場ポジション・販売拡大と生産能力の増強に加え，製薬企業向けバイオセーフティ試験受託サービス事業やバイオ医薬品CDMO事業への事業展開により，製剤の安全性と生産性向上に貢献する製薬企業にとってのプレミアムパートナーとなることで製薬市場の成長を取り込みます。近年，買収した企業は以下のとおり

です。

・2019年10月 Virusure Forschungund Entwicklung GmbH（ウイルス等安全性試験受託サービス等）

・2021年12月 Bionique Testing Laboratories LLC（マイコプラズマ試験受託サービス）

・2022年5月　Bionova Scientific, LLC（次世代抗体医薬品CDMO）

(2)　優先的に対処すべき事業上及び財務上の課題 ……………………

①　事業上の課題 ……………………………………………………

「(1) 経営方針・経営戦略等③各セグメントの経営方針・経営戦略等」に記載の項目に加えて，以下の事業上の課題があります。

Ⅰ　「マテリアル」セグメント

ⅰ　環境ソリューション事業

環境ソリューション事業においては，リチウムイオン電池用セパレータの世界的な需要変化及び競合他社の販売政策により販売量・販売価格が当社予測を下回る可能性があります。そのため，当社グループは，多様化する顧客ニーズに対応すべく，中長期で需要が増えると予測する電気自動車等の環境対応車や蓄電システム（ESS）用途を中心に生産能力の増強を推進し，湿式・乾式という特徴が異なる両タイプの製品を保有することを活かし，安定的かつ高水準の品質を強みに様々な顧客ニーズに対応します。また，同事業は，各国の規制・環境問題や供給制約の顕在化等によるサプライチェーンの変化，テクノロジーの変化により，事業環境が急激に変化することが中期的なリスク要因と考えられるため，事業環境の動向の把握と迅速な対応を続けていきます。

ⅱ　モビリティ＆インダストリアル事業

モビリティ＆インダストリアル事業は，世界の自動車業界の動向に影響を受ける場合があります。2022年度の自動車関連部材については，COVID-19，半導体不足による影響を受け，自動車生産台数の減少による関連製品の需要減が見られました。また，事業運営は，ロシア・ウクライナ情勢を契機とした燃料価格の高騰に伴う用役コスト上昇，中国ゼロコロナ政策等の影響によるサプライチェー

---

point **難病治療に期待される「リコモジュリン」**

DIC（播種性血管内凝固症候群）治療に使用される自社開発の血液凝固阻止剤「リコモジュリン」は今後注目だ。DICは出血箇所のみならず，全身の血管内で血液凝固反応が起こる病気。旧厚生省研究班疫学調査によると，日本におけるDIC患者数は73,000人で，死亡率は56％と高い。現在，全世界において凝固異常を伴う重症敗血

ン混乱，及び金融引き締めによる世界経済の減速等，年間を通じて厳しい環境下にありました。そのような中で各国の自動車関連市場を注視するとともに，サプライチェーンの管理を強化し，適正な水準の在庫を保有することで，変化する需要に柔軟に対応していきます。

　一方，中長期的には自動車の「CASE」と呼ばれる技術革新の進展が加速し，又は変化していくことにより，新たなニーズが生まれてくると考えています。特に低炭素社会の実現に向けて，電気自動車等の環境対応車の需要拡大や資源の有効活用など，欧州を中心に自動車業界における環境負荷低減の動きが今後加速するものと考えており，このような社会ニーズに向けた対応が必要です。

　車室空間には，これまでにない快適性やデザイン性に加えて，リサイクル原料の使用，車体軽量化による自動車燃費の向上，電動化等，環境負荷低減に繋がる製品が求められています。環境特性に優れた人工皮革「Dinamica®」は，需要増加に対応するため供給能力を増強するとともに，米国子会社のSage Automotive Interiors, Inc.との連携を強化し，2020年度に買収した大手自動車シートサプライヤーの米国Adientplcの自動車内装ファブリック事業との統合効果を発現させていきます。また，車体軽量化に寄与する構造部品向けのエンジニアリング樹脂製品や樹脂発泡体の展開もグローバルに加速していきます。今後も顧客要求に迅速に対応するべく，グローバル市場におけるキーカスタマーへの事業横断的なアプローチやデジタルマーケティングを強化し，持続的に成長できるビジネスモデルの構築を推進していきます。

ⅲ　ライフイノベーション事業

　ライフイノベーション事業においては，デジタルトランスフォーメーションの進展や次世代通信の普及に伴う情報通信高度化の需要が益々拡大しており，情報通信機器に用いられる電子材料や電子部品のニーズは年々増加しています。特に急速な電気自動車の普及がもたらす変化として，様々なセンシングデバイスの高度化・高信頼性化が求められています。また，自動車の安全性向上に向けては，2018年度に買収したSenseair ABのアルコールセンサーによる飲酒運転防止等，快適・安全・安心な車室空間への新たな価値提供を実現していきます。半導体のニーズが益々拡大する一方で，米中デカップリングによるサプライチェーンの混

　症を対象として，臨床試験を行っており，販売ができるようになれば，旭化成の医薬の売上が大きく伸びる可能性がある。

乱や分断がもたらす影響を的確に捉えて，対応を進めていきます。世界各国の半導体ファウンドリ（foundry）やOSAT（Outsourced Semiconductor Assembly & Test）を活用する分業体制が業界全体として展開されているため，半導体製造に関わるサプライチェーンの動向に影響を受ける可能性があります。半導体生産に必要なレアガス（希ガス）やレアメタル（希少金属）などの原材料不足や，COVID-19などの影響を受けての需要変化による製造リードタイムの長期化など，電子部品事業において環境変化が見通しにくい状況となっています。そのような中で，半導体製造関連の主要サプライチェーンの状況（特に米国，中国，台湾）の動向をモニタリングし，リスクの発生状況を常時評価し，迅速に対応していきます。今後も市場動向を注視しながらデジタル社会で求められる最先端のニーズを捉えて，電子材料と部品の双方を有するユニークさを活かし，特徴ある材料・部品，ソリューションを提供していきます。

Ⅱ 「住宅」セグメント

　本セグメントの国内事業においては，日本国内の個人消費動向・金利・地価・住宅関連政策ないし税制の動向に大きく影響を受ける場合があります。COVID-19感染拡大により，顧客とのコミュニケーションのあり方が大きく変わるなどの影響を受けていますが，一方で，在宅勤務等により暮らしや働き方の新たなニーズが生まれる機会でもあると考えています。当社グループは，デジタル技術を活用したマーケティング等による集客，受注活動の推進やグループ全体のモニタリング体制・人員強化の実施等により，新たな顧客とのコミュニケーションのあり方を確立し，ニーズに対応していきます。

　北米，豪州の事業においては，各国の住宅市場の影響を受けることから，現地の関係会社を通じ，市場動向をモニタリングしていきます。また，国内事業同様に，住宅需要増，半導体不足や災害等により，原材料や建築資材の需給バランスが崩れて価格が変動する可能性があるため，原材料や建築資材価格をモニタリングし，影響の抑制に努めていきます。

　加えて，事業の特性上，大量の個人情報を扱っているため，個人情報の漏洩等があれば，当社グループの信用を毀損するリスクがあります。そのため，情報を端末に置かないデータ保存のクラウド化等個人情報保護の徹底した対策を講じて

います。

Ⅲ　「ヘルスケア」セグメント

　医薬品や医療機器等の事業においては，一般的に，その販売数量や販売単価等が定期的な薬価・保険償還価格の改定の影響を受ける場合があります。特に新薬の研究開発期間は長期にわたることに加え，新薬が承認取得に至る確率が高くないことなどから，製品化の確度や時期について正確な予測が困難な状況にあり，計画どおりに製品化できなかった場合は業績に影響を与える可能性があります。医薬品や医療機器が製品化した場合でも，競合品の開発・上市の動向，有害事象の報告，後発品の上市等により，業績に影響を与える可能性があります。そのため，当社グループでは医薬事業と医療事業の両方を持つことで，多様な成長力・競争力を獲得し，イノベーション獲得機会の増加を図るとともに，医療規制等将来の不確実性への対応力を高めていきます。また，パイプラインの拡充，製品導出・導入，共同開発，グローバル展開の加速等に努めることで持続的な安定成長を図ります。

②　財務上の課題 ···

　「(1) 経営方針・経営戦略等②当社グループ全体の経営方針・経営戦略等」＜経営方針・経営戦略＞ⅳ財務・資本政策の項目をご参照ください。

2　サステナビリティに関する考え方及び取組

(1)　サステナビリティ共通 ···

　当社グループでは，サステナビリティの追求を経営の柱として位置づけており，「サステナビリティ基本方針」として明確にしています。すなわち，当社グループはグループミッションである「世界の人びとの"いのち"と"くらし"に貢献」するため，「持続可能な社会への貢献」と「持続的な企業価値向上」の2つのサステナビリティの好循環を追求すること，その実現に最適なガバナンスを追求すること，そして，持続可能な社会への貢献による価値創造／責任ある事業活動／従業員の活躍の促進の3点を実践すること，を方針としています。

① **サステナビリティマネジメント及び旭化成グループのマテリアリティ**

■　ガバナンス

　　当社は,「世界の人びとの"いのち"と"くらし"に貢献します。」というグルー
プミッションのもと，社会への貢献による持続的な成長と中長期的な企業価値
の向上を目指しており，事業環境の変化に応じた，透明・公正かつ迅速・果断
な意思決定を行うコーポレート・ガバナンスを追求しています。その中で，サ
ステナビリティは，事業の機会とリスクの両面に関わる重要な事項として，複
数の委員会を含むガバナンス体制としています。具体的には，社長を委員長と
する「サステナビリティ推進委員会」「リスク・コンプライアンス委員会」「環
境安全・品質保証委員会」を設置し，事業部門責任者や関係するスタッフ部門
を委員として，議論・方針確認などを行っています。これらの委員会での議論
内容を含む実施状況は取締役会に報告され，取締役会は監督と助言を行ってい
ます。サステナビリティ推進委員会には，より専門的な議論を行うための専門
委員会である「地球環境対策推進委員会」「人権専門委員会」を設置しています。
また，専任部署であるサステナビリティ推進部を設置し，当社グループのサス
テナビリティ全般を推進する機能としています。

サステナビリティマネジメント体制

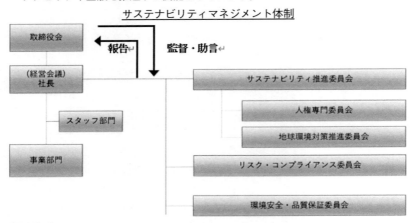

■　戦略

　　当社グループは目指すべき「持続可能な社会」を，グループビジョンに示す「健

康で快適な生活」「環境との共生」に照らして定めています。すなわち，「健康
で快適な生活」の観点では，"Care for People"のキーワードによる，"「ニュー
ノーマル」での生き生きとしたくらしの実現"，「環境との共生」の観点では，
"Care for Earth"のキーワードによる，"カーボンニュートラルでサステナブル
な社会の実現"の二つです。COVID-19をはじめとする社会の大きな変化は，
人類が取り組むべき課題を一段と浮き彫りにしています。この認識のもと，当
社は創業来100年で培ってきた多様な人財・技術・事業を活かしながら，また，
事業活動の前提となる基盤的な活動に注力しながら，5つの価値提供分野
「Environment & Energy」「Mobility」「Life Material」「Home & Living」「Health
Care」において，世界共通の課題の解決に向けた貢献を加速させていきます。

■　リスク管理

　サステナビリティを追求する上で，多様なリスクを的確に認識し，対応を積
極的に図ることが重要です。そこで当社では，一段と激しくなる事業環境や経
営環境の変化を踏まえ，リスク管理体制を強化しています。サステナビリティ
に関する事項を含む具体的なリスクに関する認識と管理体制は「3　事業等の
リスク」をご参照ください。

■　指標と目標

　当社では，経営における重要課題（マテリアリティ）を以下のように定めて
います。いずれもサステナビリティを追求していく上で重要な要素であり，こ
れらに重点を置いた経営活動を行い，定量的な管理が可能なものは，指標や目
標を設定して管理しています。

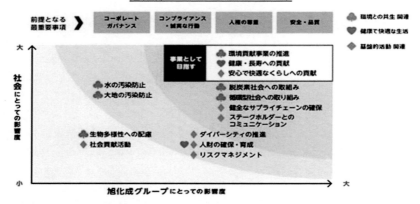

旭化成グループのマテリアリティ

「中期経営計画2024」では，以下を目標としています。

また，事業の前提の一つである「安全」については，「休業災害件数」「休業
度数率」等により管理し，徹底を図っています。

② 気候関連財務情報開示タスクフォース（TCFD）への対応

■ ガバナンス

当社グループでは気候変動対策を重要な経営課題と捉え，経営戦略の中核
テーマの一つとしています。気候変動に関する方針や重要事項は取締役会で，
また，関連する具体的事項は経営執行の意思決定機関である経営会議で，審議・
決定を行っています（具体的には，中期経営計画，GHG排出量の削減目標，
設備投資計画などの決定と実績の進捗確認等を行っています）。これらの取締

役会・経営会議での決定を事業レベルで推進するため，社長を委員長とする「サステナビリティ推進委員会」を設置し，経営の各執行責任者が気候変動を含むサステナビリティに関する課題の共有と議論を実施しています。委員会の結果は取締役会に報告され，グループ全体での取り組みのあり方等についての議論を行っています。なお，GHG排出量の削減目標達成に向けてカーボンニュートラル推進プロジェクトで，具体的なロードマップを検討しています。詳細は旭化成レポートをご参照ください。

https://www.asahi-kasei.com/jp/ir/library/asahikasei_report/pdf/22jp_29.pdf

■　戦略

[リスク]

　「＋4℃」シナリオでは，主として酷暑・大雨・洪水などの物理リスクを想定しています。特に，風水害の甚大化により，当社の国内外の主要な製造拠点における被災とその損害額をリスクとして認識しています。「＋1.5℃」シナリオでは，主として脱炭素化に向けたカーボンプライシング等の政策による規制強化や，脱炭素に適した素材への需要シフトをリスクとして想定しています。さらに，循環経済への移行加速や脱炭素社会に向けた革新技術の登場による，市場構造変化もリスクとして想定しています。これらのリスクは濃淡がありながらも，今後の気候変動の中でいずれも発現しうるものと当社グループでは捉えており，リスク低減の取り組みを進めます。

[機会]

　当社グループは中期経営計画で「Environment & Energy」「Mobility」「Life Material」「Home & Living」「Health Care」を価値提供分野として位置付けています。また，成長に向けて重点的に資源投入する事業としてGG10を定めています。これらは，気候変動等のメガトレンドを踏まえて設定したもので，最新のIPCC，WEOの報告に照らし合わせても，さまざまな気候変動シナリオにおいて，緩和や適応の観点から価値を提供しうる分野であることが明らかです。当社の事業展開と方向性は，気候変動課題の解決に向けて，さまざまな製品・サービスを事業機会として提供しうるものと認識しています。

■　リスク管理

第三者保証を伴うGHG排出量の実績把握を年1回行っています。実績値並びに目標への進捗状況は，サステナビリティ推進委員会及びその分科会である地球環境対策推進委員会で共有し，今後の取り組みを議論しています。また，中期経営計画の策定や毎年の見直しの中でも，GHG排出量削減状況の把握，事業戦略検討，取締役会への報告等を行っています。さらに，四半期，月次でも，関連する事項の把握を行っています。随時検討・提案される設備投資では，インターナルカーボンプライシングを考慮して採算性を評価し，実施決定しています。

■ 指標と目標

　当社グループは，以下の指標を気候変動のリスク・機会に関係するものとして位置付けています。

	目標	指標の意味
GHG排出量*7	2030年：30%以上の削減（2013年度対比） 2050年：カーボンニュートラルの達成	
GHG排出量*7／営業利益	（2021年度実績　0.20 t-CO₂e／億円）	低下は炭素税リスクの低減を示します
ROIC	2030年近傍：10%以上	向上は変化対応力ある高収益事業体への進化を示します
GG10の営業利益	2030年近傍：70%以上構成 （2021年度実績：35%）	気候変動に貢献しうる関連事業の伸長を表します

その他

インターナルカーボンプライシング（ICP）	10,000円／t-CO₂eで投資判断、表彰制度等に活用	
役員報酬での気候変動課題の反映	「業績連動報酬」において、気候変動に関する取り組みを含む「サステナビリティ推進」達成度を反映	

*7 当社グループの事業活動に直接関わるGHG排出量であるScope 1（自社によるGHGの直接排出）、Scope 2（他社から供給された電気・熱・蒸気の使用に伴う間接排出）が対象

③ 責任ある事業活動へ向けた取り組み

■ 環境安全・品質保証活動

　当社グループは，提供する製品・サービスのすべてのライフサイクルにおいて環境・安全・健康・品質に配慮する「環境安全・品質保証活動」を実施しています。しかし，誠に遺憾ながら，2022年4月9日に宮崎県延岡市にある当社のベンベルグ工場で火災が発生しました。従業員一同「安全は経営の最重要課題」であることをあらためて認識し，危機感を持って安全活動に取り組んでいきます。環境安全・品質保証に関するリスクマネジメントの詳細は「3　事業等のリスク（4）当社グループ全体に係るリスク」もご参照ください。

■ コンプライアンス，人権・多様性の尊重

　当社グループは，事業・業務に関する法令・諸規則や社内ルールの遵守を徹

底し，事業活動においては，グループミッションに基づくグループバリュー（共通の価値観）として「誠実な行動」を促進しています。その実効性を高めるため，2019年度以降，各部署で「グループ行動規範」の読み合わせ活動を継続実施しており，従業員一人ひとりのコンプライアンス意識の底上げを図っています。また，グループ全体のコンプライアンス体制の強化を図るために，リスク・コンプライアンス委員会を設置し，当社グループ全体のコンプライアンスに関する遵守状況をモニタリングし，取締役会に報告しています。

　「人権・多様性（ダイバーシティ）の尊重」については，当社グループは国際人権憲章（世界人権宣言並びに国際人権規約）を支持するとともに，国連グローバル・コンパクトの署名企業として，グローバル・コンパクトの人権に関する原則，及び国連「ビジネスと人権に関する指導原則」「子どもの権利とビジネスの原則」にも賛同しています。当社グループでは，従来より，多様性の尊重を含む人権に関するグループの考え方を「グループ行動規範」にて明示し，従業員研修等を通じてグループ内浸透を図っていますが，人権尊重の重要性を踏まえ，2022年3月，「旭化成グループ人権方針」を取締役会で決定し，公開しました。さらに，人権尊重について議論・方向付けする場として，また，「旭化成グループ人権方針」の実現のための推進体制として，人権専門委員会を新設し，2022年11月，第1回委員会を開催しました。今後，「旭化成グループ人権方針」のグループ内での普及啓発を進めるとともに，人権に関するリスクを抽出し，軽減・対応を行う「人権デュー・ディリジェンス」への取り組みを進めていきます。

■　ステークホルダーとの対話の強化

　当社グループでは，ステークホルダーの皆様に適切な情報開示を行うとともに，双方向のコミュニケーションを取ることが重要と考えています。そこで，2022年度は，前年度に引き続き，投資家，メディアの皆様に対し，当社グループのサステナビリティに対する考え方と実行の状況を説明するため，「サステナビリティ説明会」を開催しました。2022年度の説明会では，「持続可能な社会への貢献」「持続的な企業価値向上」という2つのサステナビリティの好循環を追求し，経営基盤の強化と事業の高度化により新たな価値を創出していくため，

事業共通の重要テーマである Green（グリーントランスフォーメーション），People（人財のトランスフォーメーション）に関する当社グループの考え方と取り組みを紹介しました。

（2）　人的資本に関する開示 ··

■　戦略，指標と目標

　　前提となる人財戦略の概要については「1　経営方針，経営環境及び対処すべき課題等（1）経営方針・経営戦略等　②当社グループ全体の経営方針・経営戦略等＜経営方針・経営戦略＞ⅴ経営基盤の強化■People（「人財」のトランスフォーメーション）」記載のとおりであり，人財戦略の柱は，社員一人ひとりが挑戦・成長し続ける「終身成長」，当社の多様性を活かしコラボレーションを推進する「共創力」の２つを置いています。

　　「終身成長」については，一人ひとりが自らのキャリアを描き，成長に向けた学び・挑戦を進めること，そして，個とチームの力を最大限引き出し成果に結びつけるマネジメント力の向上に，一層取り組んでいきます。「共創力」については，多様性を"拡げる"という視点と"つなげる"という視点から，様々な取り組みを実行していきます。具体的には下記のような取り組みを進めています。

（人財育成方針）

・高度専門職制度の拡充によるプロフェッショナル人財の育成強化

　　新事業創出，事業強化へ積極的に関与し，貢献できると期待できる人財に対しふさわしい処遇を行い，社内外に通用する専門性の高い人財を増やしていく仕組みです。人数をKPIとして注視しており，制度を開始した16年度90名から順調に増え，前中計最終年度である21年度時点で259名となっていました。22年度からの新中計では24年度300名を目標としていましたが，直近の増加ペースを踏まえて目標を引き上げ，24年度までに360名まで増やすことを新たな目標としています。（22年度実績294名）

・エンゲージメント向上KSA（活力と成長アセスメント）

　　個人と組織の状態を可視化してPDCAを回し，エンゲージメントや挑戦・成長行動を高めていく取り組みです。毎年１回サーベイを実施して組織ごと

の結果を各ラインマネージャーにフィードバックし，各組織が当事者意識を持って課題解決に向け取り組むものです。KSA では「職場環境・上司部下関係」「活力」「成長行動指標」の３つの指標を測定していますが，このうち「成長行動指標」を KPI として注視しています。取組開始以来順調に推移しており，直近22年度は3.71（１～５段階評価）まで上がってきましたが，今後もより高めていきたいと考えています。

・DE&I，女性活躍推進

　　DE&I に関しては，以前より女性管理職へのメンタープログラムなど様々な取り組みを行ってきた結果，1994年に３名だった女性管理職は276名に増加しています（2023年３月31日現在）。また女性の執行役員は２名，取締役は２名，監査役は１名となっています（2023年６月27日現在）。

　　2022年度からは，多様な人財の活躍状況を測る KPI として，管理職の中でも特に指導的役割を果たすポジション（ラインポスト及び高度専門職）の女性比率を2030年度に10％まで増やすという目標を掲げました（2022年度実績3.8％）。またその比率を役員報酬にも連動させており，2024年度は5.0％を目標としています。

　　これを達成するため，社長から各事業部門に対し女性活躍推進に経営課題として取り組むよう指示を発信し，部門ごとにアンケート等を実施し，各事業部門の現場課題に即した具体的な取組みを進めています。経営トップのコミットメントとリーダーシップでこのような具体的な現場での活動を強力に後押ししつつ，あわせて，「管理職の長時間労働」や「男女の基幹的職務の経験差」といった共通的な課題に対応すべく，体制の強化も行います。

　　この取り組みは，女性活躍にとどまらず多様な人財が活躍し，連携し，「共創力」で新たな価値を生み出していくことが真の狙いです。女性・外国人・キャリア入社者の中核人材登用に関してはコーポレート・ガバナンスに関する報告書にも記載しているほか，障がい者雇用に関する取組みや各種データ類はサステナビリティレポートを参照ください。

https://www.asahi-kasei.com/jp/sustainability/social/human_resources/

・シニア活性化と定年延長

　「終身成長」というコンセプトのもと，60歳を超えても専門性を磨き，環境に合わせて挑戦＆変化し続ける人財を応援したい，シニア人財の持てる力をより一層引き出したい，というねらいで，2023年度から定年を65歳に引き上げました。60歳到達前に，改めて本人に自分のwill/can/mustを考えてもらい，それに沿った職務をマッチングする，という仕組みにしています。自身の意欲や能力に沿った業務についていただくことで，本人の働き甲斐は勿論，若手への伝承や刺激を与えていただくことも期待しています。

・マネジメント力強化，経営人材育成

　組織マネジメントのキーとなる部長層に対する研修プログラムを充実させています。プログラムには，マネジメントに関する集合研修及びeラーニング，360度フィードバック，1on1講座，KSA（上述）活用講座のほか，2020年度からは部長一人ひとりにコーチを付けて，ラインマネージャー自身が自ら考え解決していくことを支援することも含めています。2023年2月時点で部長層約680名中，すでに200名がプログラム受講済みです。

　また経営幹部の育成・獲得にも力を入れており，次世代リーダー候補者にコーチング等を通じて自らの成長を促すとともに，リーダーシップやチームワークを強化するためのプログラムを通じた育成を行っています。毎年数名がこのプログラムを経てグループ役員*1）に昇格しています。2023年4月時点でグループ役員36名に対しそのプール人財は76名となっており，今後も質・量ともに同等以上のプール人財を維持していきたいと考えています。

*1）執行役員の中から旭化成グループ全体の企業価値向上に責任と権限を有する者として，旭化成の取締役会決議に基づきグループ役員を任命しており，具体的には旭化成株式会社の上席執行役員以上及びそれに相応する事業会社の執行役員がこれにあたります。

（社内環境整備方針）

・経営戦略と人財戦略を連動させる仕組み

　2021年度に社長を責任者とした人財戦略プロジェクトを立ち上げ，2022年度からの中期経営計画に連動した人財戦略を策定しました。現在実行している人事施策はこれをベースにしています。

人事部門トップが取締役会メンバーであるほか，会長・社長と人事担当役員・人事部長によるミーティングを毎月1回実施し，経営戦略と人財戦略が常に連動する仕組みにしています。また各事業部門トップと人事担当役員・人事部長の定期ミーティングも実施し，ポートフォリオ転換を含めた事業課題を人事課題に落とし込み，施策に反映させています。

・自立な学習プラットフォーム「CLAP」

　　CLAPとはCo-Learning Adventure Placeの頭文字をとったもので，1万以上の社内外のeラーニングのコンテンツから，従業員が自分に必要な学習を，無料で自由に学べる当社独自の仕組みです。2022年12月の導入から2023年3月末までの間に対象者の81％にあたる15,500人がCLAPを利用し，そのうち12,300人は一つ以上のコンテンツの学習を完了しており，すでに多くの従業員が自律的に学習しています。

・人財の可視化，事業領域を超えた人事異動，公募人事制度

　　当社グループでは以前より事業領域を越えた人事異動を積極的に行っています。一例としては，当社の住宅事業は近年海外に進出しましたが，この事業展開にあたっては，グループ全体の人材・ノウハウなどの経営基盤を活用することで，スピーディに展開することができました。海外事業の拡大によって業績も伸び，キャッシュ創出力も高めています。2022年度からはタレントマネジメントシステムも導入し，人財の可視化を進め，グループ全体での人財の活用力を一層高めていきます。

　　また公募人事制度については2003年度から行っており，毎年数十名の人財が，自らの意思で部署を異動し，新たな環境に挑戦しています。

・人事部門の組織ケーパビリティの向上，キャリア開発室の設置

　　人的資本経営を実践していくためには，実働部隊である人事部門の組織能力の向上も重要です。当社では人事部門に今後必要となる能力について改めて定義づけを行い，その中でもデータ利活用スキルとキャリアコンサルティング能力については特に力を入れて向上に努めています。データ利活用スキルについては大阪大学開本教授監修のもと独自のプログラムを内製し，データの収集や分析に関するノウハウを人事メンバー全員が習得するように取り

組んでいます（2023年3月31日時点で77名が受講済）。また，国家資格キャリアコンサルタントの資格取得も奨励しており，2023年4月時点で27名が資格を取得しています。2022年度には従業員のキャリア形成を支援するためにキャリア開発室を設置し，シニア層及び若手・中堅層に対してキャリア施策を充実させています。

　人財戦略及び具体策については，旭化成レポートにも記載がありますので，あわせて参照ください。また，人事関連の諸データに関しては当社サステナビリティレポートにも掲載しています。
https://www.asahi-kasei.com/jp/sustainability/esg_data/

3　事業等のリスク

　当社グループは，広範にわたる事業により安定的な事業運営を実現していますが，個々の事業では事業の性格により異なる市場リスク・投資リスクをはじめ様々なリスクを内在しています。これらのリスクは予測不可能な不確実性を含んでおり，当社グループの財政状態や業績に重要な影響を及ぼす可能性があります。これらのリスクの回避及び発生した場合の対応に必要なリスク管理体制及び管理手法を整備し，リスクの監視及び管理等の対策を講じますが，これらすべてのリスクを完全に回避するものではありません。しかしながら，以下のような取り組みを通じて当社グループはリスク低減とリスク感度の向上に努めています。

　将来の事項に関する記述につきましては，有価証券報告書提出日現在において入手可能な情報に基づき，当社グループが合理的であると判断したものです。

（1）　リスクマネジメントの強化 ……………………………………………

　当社グループが3領域における多様な事業でグローバル展開を加速する一方で，COVID-19感染拡大以降の価値観の変化や米中デカップリング，ロシア・ウクライナ情勢等の国際関係の緊張の高まりなどにより，当社グループを取り巻く事業環境は激しく変化しています。新たなリスクや複雑化するリスクが当社グループに及ぼす影響は従来以上に大きくなっており，グループ全体のリスクを可視化し

て対応策を強化することが必要です。そのため，2022年度をリスクマネジメント強化のファーストステップと位置付け，具体的な対策を推進しています。

（2）　リスクマネジメント体制と関係者の役割

　取締役会の監督のもと，リスクマネジメント全体についての責任者である社長を，リスク・コンプライアンス担当役員が補佐します。同役員は，社長の指示のもとリスクマネジメント全体を把握して，個別のリスク対策について各部門長（スタッフ部門担当役員・事業部門長等）に指示・支援を行います。また，リスク・コンプライアンス担当役員のもとにリスクマネジメントチームを設置し，同チームは社内各部門の活動をモニタリングし，具体的なリスク対策を支援します。そして，社長が委員長となるリスク・コンプライアンス委員会で，リスクマネジメントに関する経営レベルの決定事項や指示事項を各部門長に周知徹底しています。

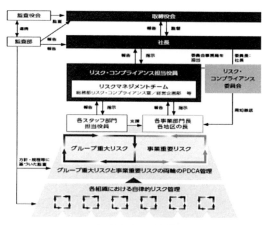

（3）　リスクマネジメントのPDCAサイクルの強化 ・・・・・・・・・・・・・・・・・・・・・・・・・・・・・・・・

　各組織における自律的なリスク管理を基本とし，その中でもリスクの対応状況

（point）　**財務諸表**

　　この項目では，連結ではなく単体の貸借対照表と，損益計算書の内訳を確認することができる。連結＝単体＋子会社なので，会社によっては単体の業績を調べて連結全体の業績予想のヒントにする場合があるが，あまりその必要性がある企業は多くない。

について取締役会が定期的に監督する特に重要なリスクを「グループ重大リスク」，各事業部門における年度経営計画のアサインメントの達成を阻害する可能性があるリスクで当該年度に重点的に取り組むものを「事業重要リスク」と定め，PDCA管理を強化しています。

リスクマネジメントのPDCAサイクル（グループ重大リスクと事業重要リスク）

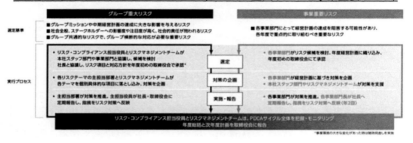

（4）　当社グループ全体に係るリスク

グループ重大リスクとして設定したリスクについて

①　国内外の生産拠点における事故発生リスク（環境異常，保安事故，労災）

　国内外に広く生産拠点を展開している当社グループにとって，事故発生による事業への影響は大きく，事業継続に支障をきたす可能性があります。当社グループでは，安全な操業を継続することは，社会からの信頼，従業員や地域社会の安全，環境配慮等における価値を守るための最重要事項と認識しています。そのため重篤な労災や保安事故の防止に向け，発生した事故の教訓を生かし，不安全行動による重篤災害撲滅を目指したLSA（ライフセービングアクション）活動の推進や，工場等の機械のリスクアセスメント実施における専門技術者の育成及び工場設備等の点検強化，各生産拠点におけるプロセス安全技術の維持を目的とした保安防災伝承活動の展開，防消火技術の向上等を進めています。また，現場の監査における専門家等第三者の視点の導入，人材育成を含む安全文化の醸成強化に努めています。今後はこれらの活動の全社レベルでの更なる活動定着を進めていきます。

② 　国内外の品質不正リスク

　製品の設計・検査の不備，不適切な顧客対応や報告が行われた場合や，法規制・規格等の遵守不備があった場合，リコールや当社ブランドに対する社会的信頼の喪失や製品の生産・流通の停止等により，当社グループの業績に影響が生じる可能性があります。当社グループでは，「マテリアル」「住宅」「ヘルスケア」の3つのセグメントにわたり，様々な製品を提供していますが，それぞれの製品の品質を確保することは，お客様をはじめ，全てのステークホルダーの方々の信頼をいただくために最重要と認識しています。品質不正の発生を防ぐため，各拠点の品質保証活動の健全性を確認する点検や，現場従業員の品質意識向上を目的として本社所管部門が現場を訪問して実施するタウンホールミーティングの各拠点での展開を行っています。今後は上記取組の継続推進と併せ，品質データを扱う現場・マネージャー，設計開発部門，営業部門向けの品質リスク教育の強化を進めていきます。

③ 　国内外の環境安全・品質保証にかかわる法規制要求事項の未遵守リスク

　環境安全・品質保証に関わる法規制等の未遵守の状態が発生した場合，リコールや当社ブランドに対する社会的信頼の喪失や製品の生産・流通の停止等により当社グループの業績に影響が生じる可能性があります。環境安全・品質保証に関わる法規制等の遵守を徹底するために，関連法規等の内容を定期的に更新するとともに専門家等の第三者による確認も経たうえで社内へ周知し，チェックシート等を活用し現場従業員がその遵守状況を確認できる仕組みを構築しています。今後は上記取組の継続とともに，当社グループにおいて様々な製品に使用している化学品の法規制等の管理を徹底するための新たなシステムの運用も進めていきます。

④ 　グローバルサプライチェーンにおけるリスク

　当社グループは，「マテリアル」「住宅」「ヘルスケア」の3つのセグメントからなる多様な事業を運営しており，事業ごとに原材料や部品，施工業者，物流経路，倉庫，販売先に至るまで，国内外で多様なサプライチェーンを構成しています。そのため，世界中で発生する自然災害，保安事故，人権問題，紛争，経営破綻等による，取引先との取引回避や取引先の機能不全により，サプライチェーンが

途絶する可能性があり，主なリスクとして以下のものを認識しています。

・経済制裁・輸出管理規制の強化等の経済安全保障リスク

　当社グループは，製品の輸出や海外における現地生産等，幅広く海外で事業展開をしており，安定的な国際通商のメリットを享受しています。そのため，何らかの理由により二国間あるいは多国間の通商環境が変化することにより，海外の会社との取引や出資，その他事業活動に影響を受けるリスクがあります。特に，米中対立やロシア・ウクライナ情勢の長期化等，近年国際関係の緊張が高まっており，これに伴って日本や諸外国において，経済安全保障の観点から経済制裁，輸出管理規制，外国直接投資規制を強化する動きが続いています。これらの規制に対応することにより，取引先との取引の停滞・中断，資金の移動の遅延・停止，事業遂行の遅延・不能等により，業績に影響を及ぼすなどのリスクがあります。地政学や法規制の動向には常に注意を払っており，外部有識者によるセミナーを経営層や事業部門・スタッフ部門の管理者層に実施してグループ全体の感度向上を図っています。また，適時に規制内容を理解することや関係当局に事前に相談することに加えて，経済制裁については外部の顧客スクリーニングシステム等を利用して慎重な取引審査を行うなどにより，適切な対応に努めています。

・サプライチェーン上の人権課題に関するリスク

　サプライチェーン上の人権課題に適切な対応がとられていない場合は，取引先との取引停止，法令による罰則の適用，当社グループに対する社会的信頼の喪失等により，事業継続に支障をきたす可能性があります。当社グループでは旭化成グループ人権方針を策定して各種施策の取り組みを実施しています。2022年度は，経営層をメンバーとする人権専門委員会を新設して，人権への取り組みを重要な経営課題として経営層に広く共有しました。また，外部有識者によるセミナーの実施により経営層の意識向上を図るとともに，社内報やeラーニングを活用して人権尊重の取り組みの重要性を従業員全体へ周知し，グループ全体での意識啓発を進めています。これらの取り組みを継続するとともに，サプライチェーンにおける人権デュー・ディリジェンスの実施の具体化を進めていくことを今後の課題として認識しています。

・原料・資材の調達リスク

サプライチェーンが各国・地域の法規制の動向や突発事象などにより影響を受ける場合に，当社グループの業績に影響を及ぼす可能性があります。当社グループではサプライヤーの選定におけるリスク評価や監査の実施，サプライヤー及び販売先のモニタリングなどを通じて，リスクを低減させることに加えて，主要製品・事業における原材料の調達ルートの多様化や適正な水準の在庫の確保を通じて，安定操業に向けて取り組んでいます。また，強靭で持続可能なサプライチェーンを維持するための，体系的かつ継続的なサプライチェーンリスクマネジメント（SCRM）の実施へ向けて，2022年度にグループを横断して，リスクの洗い出し・評価・対策の設定を開始しました。サプライチェーンに関連する各部門（製造，経営企画，営業，技術開発などの各部署）との連携や，実効性のあるリスク対策の実施を今後の課題として認識しており，進捗状況を定期的にモニタリングしてSCRMを推進します。

⑤　**サイバーセキュリティ，通信インフラに関するリスク**

　昨今のサイバー攻撃の急増・巧妙化が進む一方で，サイバーセキュリティ対策が脆弱であった場合は，サーバダウン等の原因で事業継続が困難になる可能性があります。安心・安全・安定したIT基盤の運用は経営の大前提であり，当社グループは情報セキュリティ対策を重大な経営課題と認識し，サイバー攻撃の検知・対応ツールの強化，インシデント発生時の迅速で漏れの無い情報フローの構築を推進するほか，メール訓練等による従業員のセキュリティ意識の向上施策を実施しています。今後はグループ全体でのセキュリティ意識向上施策の展開を進め，経営陣とのセキュリティ対策に関するディスカッションをはじめ，個々の従業員への教育等の継続展開を進めていきます。

⑥　**大規模災害やパンデミック，海外有事（テロ，紛争）に関するリスク**

　近年頻繁に発生している自然災害，COVID-19のようなパンデミックや，テロ・個別紛争等のリスクは年々高まっており，リスク顕在時には従業員安全の確保や事業継続に支障を来す可能性があります。国内外に幅広く拠点を展開している当社グループでは，まずは国内の事業所，製造拠点を想定した，緊急事態発生時の情報伝達フローの明確化等を目的とした関係規程の改定，各種緊急事態対応マニュアルの再整備を進めています。また，国内の各製造拠点においては自然災害

について，拠点ごとのリスク想定，減災計画，緊急時対応計画を策定し，訓練を含めた対応を進めています。今後は，国内における規程・マニュアルの周知及び事務所地区を中心とした自然災害訓練等の実施，海外拠点・工場，国内に独立して存在する工場における減災対応・マニュアル整備を進めていきます。

⑦ **M&Aに関するリスク**

　当社グループは，事業ポートフォリオの進化にあたっては，「成長の為の挑戦的な投資」と「構造転換や既存事業強化からのフリー・キャッシュ・フロー創出」の両輪を回すことが重要と考え，事業投資，新規事業の創出や事業ポートフォリオの転換の手段として，国内外におけるM&Aを通じた事業展開を行っています。これまでZOLL Medical Corporation（2012年度），Polypore International Inc.（2015年度，以下，Polypore社という），Sage Automotive Interiors, Inc.（2018年度），Veloxis Pharmaceuticals A/S（2019年度）など，大型買収を行ったことからのれん及び無形固定資産残高は増加傾向にあります。M&Aの結果取得した無形固定資産の企業結合日時点における時価については，コスト・アプローチ，マーケット・アプローチ，インカム・アプローチなどによって合理的に算定された価額を基礎として算定しており，事業計画等の不確実性を伴う仮定が反映されています。

　そのため，事業計画等において初期に期待した投資効果が発現しなかった場合や合弁会社の経営が悪化した場合，被買収企業との事業統合が遅延した場合など，のれんや無形固定資産の減損等により当社グループの業績に影響が及ぶ可能性があります。当社グループでは，買収検討の対象企業のデューデリジェンス（詳細調査）を慎重に行い，買収後の事業統合の計画を入念に検証することで，リスクの低減に努めています。しかし，過去の大型買収が海外での新規市場や成長市場に関する案件であり，想定外の事業環境の変化への対応を誤ると，投資額の回収が困難となるリスクを抱えています。今年度のPolypore社ののれん及び無形固定資産の減損損失計上も踏まえ，業界動向を見通すことが難しい事業については，より一層の精査をすることやリスクをより慎重に見積もることで対処していきます。

⑧　気候変動に関するリスク

　当社グループは，気候変動に関して生じる変化を重要なリスク要因として認識しています。当社グループではTCFD提言に賛同するとともに，TCFD提言の枠組みに基づき，気候変動が事業に及ぼす影響の分析，対応策の検討を行っています。詳細は「第2　事業の状況　2　サステナビリティに関する考え方及び取組(1)サステナビリティ共通②気候関連財務情報開示タスクフォース（TCFD）への対応」の記載をご参照ください。

上記以外のリスクについて

　上記に記載したリスク以外にも，当社グループの事業運営全体にかかわるリスクに対して日々の事業活動の中でリスク低減に努めており，主なリスク項目は以下のとおりです。

①　通商に関するリスク

　当社グループは，原材料の購入や製品の輸出，海外における現地生産等，幅広く海外で事業を展開し，国際貿易や資金決済に関する二国間あるいは多国間の協定や枠組みのメリットを享受しています。これらの協定や各種枠組み等の変更や新規規制の導入などにより，関税の増加，通関の遅延・不能，資金決済の遅延・不能が生じ，代金回収や事業遂行の遅延・不能，業績悪化等が発生するリスクを負っています。当社グループでは，適時に規制内容を理解することや，関係当局に事前に相談し，対策を講じることによって，これらのリスクの低減に努めています。

　また，グループ会社間の国際的な取引価格については，当社グループ税務方針に基づき，日本国政府及び相手国政府の移転価格税制を遵守していますが，税務当局から取引価格が不適切であるとの指摘を受ける可能性や，協議が不調となった場合に二重課税や追徴課税を受ける可能性があります。そのため，重要性の高いグループ会社間取引については，事前確認制度の活用，あるいは，外部専門家の意見も参考にしながら，各国の移転価格税制を踏まえた独立企業間価格を設定しています。

② **事業競争力に関するリスク**

　当社グループは,「マテリアル」「住宅」「ヘルスケア」の３つのセグメントにおいて, 付加価値の高い製品・サービスを提供していますが, 類似の製品や技術による競合企業のキャッチアップ, 新たな競合企業の参入等によって競争環境が激化することや, デジタル技術や脱炭素化に貢献する技術等急速な技術革新による産業構造の変化, 急激な需要構造・市場構造の変化などにより, 当社グループの各事業の競争力を損なう可能性があります。当社グループでは, 競合製品の競争力や産業構造の変化をタイムリーかつ的確に見通すことに努めるとともに, 製品やサービスの絶え間ない差別化や模倣困難なビジネスモデルの構築, 知的財産等による高い参入障壁を設けることにより, これらのリスクの低減に努めています。

③ **市況変動によるリスク**

・原油・ナフサ価格変動リスク

　当社グループは, 原油やナフサを原料とした石油化学製品の製造・販売事業を展開しています。また, 各原料市況並びに需給バランスから固有の市況を形成しており, その変動は当該事業や誘導品からなる当社グループの各事業に影響を及ぼします。特に, 事業規模が大きいアクリロニトリル事業は市況の変動の影響が大きいため, 販売価格のフォーミュラの見直し等, 収益の安定化に努めています。

・為替変動リスク

　当社グループは, 輸出入及び外国間等の貿易取引において, 外貨建ての決済を行うことに伴い, 円に対する外国通貨レートの変動による影響を受けます。そのため, 取引においては, 先物為替予約等によるヘッジ策やCMS（キャッシュ・マネジメント・システム）の活用による, 安定的かつ効率的な資金活用を目指しています。当社グループは, 収益の多くが外貨建てであることに加え, 当社の報告通貨が円であることから, 外国通貨に対して円高が進むと, 当社グループの業績にマイナスのインパクトを与えます。当社の試算では, 米ドル・円レートが１円変動すると連結営業利益に年間10億円の変動をもたらします。

（5） 各セグメントに係るリスク ……………………………………………………

　「マテリアル」，「住宅」，「ヘルスケア」の各セグメントでは，事業上の課題やリスクへの対策検討を実施する中で事業重要リスクのPDCA管理も実施しています。各事業の課題やリスクに関する詳細は「第2　事業の状況　1　経営方針，経営環境及び対処すべき課題等（2）優先的に対処すべき事業上及び財務上の課題」をご参照ください。

4　経営者による財政状態，経営成績及びキャッシュ・フローの状況の分析 ▓

　本項の財政状態，経営成績及びキャッシュ・フローの分析は，将来のリスク，不確実性及び仮定を伴う予測情報を含んでいます。これらの記述は，現時点で当社が入手している情報を踏まえた一定の前提条件や見解に基づくものであり，「3　事業等のリスク」等に記載された事項及びその他の要因により，当社グループの実際の業績はこれらの予測された内容とは大幅に異なる可能性があります。

（1）　経営成績等の状況の概要及び経営者の視点による分析・検討内容 ………

①　経営成績 ………………………………………………………………………………

Ⅰ　当社グループ全体 …………………………………………………………………………

　当社グループの当連結会計年度（2022年4月1日〜2023年3月31日，以下，「当期」）における世界経済は，COVID-19に対するワクチン接種の進展等による経済活動の再開の進展や雇用の安定がみられる一方で，国際商品市況の2022年夏頃にかけての高騰や経済全体での労働コストの増加等を背景として物価上昇が進行しつつ，物価安定に向けて金利及び量の双方から，過去と比較しても急速な金融引締めが進み，経済活動に対する政策的な下押しもみられました。

　このような環境の中で，当社グループの当期における連結業績は，既存事業の拡大や円安影響，石化製品市況の高騰や「住宅」領域の買収による新規連結等により，全領域で増収となり，売上高は2兆7,265億円で前連結会計年度（以下，「前期」）比2,652億円の増収となりました。一方，「住宅」領域が堅調に推移したものの，経営環境の悪化や一時的な要因等により「マテリアル」及び「ヘルスケア」領域で減益となったことから，営業利益は1,284億円で前期比743億円の減益となり，経常利益は1,215億円で前期比905億円の減益となりました。また，親

会社株主に帰属する当期純損失は，セパレータ事業でPolypore社ののれん及び無形固定資産について減損損失を計上したこと等により，△913億円と前期比2,532億円の大幅な減益となりました。その結果，EPS（1株当たりの当期純利益）は△65.84円と前期比182.52円の減少となりました。

　資本効率について，当期のROICは4.0%で前期比2.6%の低下，ROEは△5.5%で前期比15.7%の低下となりました。当期の資本効率低下の主な原因は，ROICについては，経営環境の悪化による営業利益の減少に加えて，有利子負債の増加の他，円安による為替換算差等の増加で投下資本が増加したこと，ROEについてはPolypore社の減損損失等で当期純損失が発生したことによるものです。

　財務健全性については，有利子負債が増加したことを受けて，D/Eレシオは0.57となりました。

〈当社グループの業績〉

	経営指標		2020年度	2021年度	2022年度	前期との差異
収益性	売上高	(億円)	21,061	24,613	27,265	+2,652
	営業利益	(億円)	1,718	2,026	1,284	△743
	売上高営業利益率	(%)	8.2	8.2	4.7	△3.5
	EBITDA	(億円)	3,051	3,508	3,050	△458
	売上高EBITDA率	(%)	14.5	14.3	11.2	△3.1
	親会社株主に帰属する当期純利益又は当期純損失(△)	(億円)	798	1,619	△913	△2,532
	EPS	(円)	57.49	116.68	△65.84	△182.52
資本効率	ROIC	(%)	4.9	6.6	4.0	△2.6
	ROE	(%)	5.6	10.3	△5.5	△15.7
財務健全性	D/Eレシオ		0.45	0.45	0.57	0.11

Ⅱ　セグメント別 ･･･

ⅰ　「マテリアル」セグメント（価値提供注力分野：「Environment & Energy」「Mobility」「Life Material」）

　売上高は1兆3,166億円で前期比1,066億円の増収となり，営業利益は410億円で前期比650億円の減益となりました。為替の円安や，石化製品市況高騰等を受けた価格転嫁による販売価格の上昇により増収となる一方，セパレータや

エンジニアリング樹脂の販売数量減少や操業度が低下したほか，基盤マテリアル事業の交易条件悪化や在庫受払差の減益影響等により，大幅な減益となりました。

・環境ソリューション事業

基盤マテリアル事業は，市況上昇や円安の一方で，原燃料価格高騰を受けた交易条件の悪化や在庫受払差の影響等により増収減益となりました。主力事業であるアクリロニトリル事業については，交易条件が悪化したことにより減益となりました。なお，同事業では，販売価格の原材料連動フォーミュラ化を進めるなど，市況の影響を受けにくい安定的な収益を創出できるよう努めています。リチウムイオン電池用セパレータの業績は，電気自動車等の環境対応車やスマートフォン等の民生機器，また蓄電システム（ESS）等の需要動向に影響を受けます。セパレータ事業は，湿式タイプの「ハイポア™」の需要が中国の景気後退や自動車減産の影響により民生用途・車載用途ともに減少し，減収減益となりました。

・モビリティ＆インダストリアル事業

本事業は，自動車内装材やエンジニアリング樹脂等，自動車用途の製品の割合が大きいため，その業績は，グローバルでの自動車生産台数増減の影響を強く受けます。自動車内装材については，自動車減産の影響が改善したこと等を受けて需要が増加し，増益となりました。エンジニアリング樹脂については，自動車減産の影響の長期化や家電・OA機器向けの需要の減少により減益となりました。

・ライフイノベーション事業

電子部品や電子材料を中心とするデジタルソリューション事業は，為替の円安影響に加え，上期は半導体市況の活況等により好調に推移したものの下期は需要減による販売数量が減少し，また，固定費の増加の影響もあり増収減益となりました。その他の事業（繊維事業や消費財事業等）は，円安効果があったものの，原燃料高騰に加え固定費増等により増収減益となりました。

ii 「住宅」セグメント（価値提供注力分野：「Home& Living」）

売上高は8,990億円で前期比765億円の増収となり，営業利益は760億円で前期比31億円の増益となりました。

・住宅事業

　建築請負部門は，物件の大型化・高付加価値化による平均販売単価の上昇やコストダウン等により資材価格高騰の影響をカバーし，増収増益となりました。不動産部門は，賃貸管理事業の順調な推移に加え，資産売却益が前年度より多かったことから，増収増益となりました。海外事業部門は，北米事業において，下期は金利上昇影響により工事件数が減少しましたが，為替の円安によるプラスと，Brewer社やFocus社の新規連結などがあったことにより，増収増益となりました。

iii 「ヘルスケア」セグメント（価値提供注力分野：「Health Care」）

　売上高は4,969億円で前期比810億円の増収となり，営業利益は419億円で前期比103億円の減益となりました。医薬・医療事業は，Bionova社の新規連結に伴う減益影響がある一方，主力製品が堅調に推移したことにより，増収増益となりました。クリティカルケア事業は，為替換算差の影響がありましたが，前期のCOVID-19による人工呼吸器特需の影響がなくなったことや，Itamar社，Respicardia社の買収影響等の一時要因に加え，部材調達難の影響等を受け，増収減益となりました。

・医薬・医療事業

　医薬事業においては，「テリボン®」，「ケブザラ®」，「プラケニル®」，「Envarsus XR」の販売数量の好調な推移，ライセンス収入の増加，前期の導入一時金の差異等の販管費減少等により，増収増益となりました。医療事業においては，円安による為替換算差のプラス等があった一方，Bionova社の新規連結による減益影響や原燃料価格高騰，活動費が増加したこと等により増収減益となりました。

・クリティカルケア事業

　「LifeVest®」事業は保険償還状況の改善や円安による換算差等により増益となりました。除細動器事業は前期の人工呼吸器特需の影響がなくなったことに加え，部材調達難による販売数量の減少及び調達費用の増加，景気後退に伴う下期を中心とした北米の医療機関向け除細動器の受注減少等により減益となりました。その他に，Itamar社の新規連結や前期のRespicardia社買収時の会計

処理影響がなくなったことも減益要因となっています。

Ⅲ　生産，受注及び販売の状況 ···

i　生産実績

　当社グループの生産品目は広範囲かつ多種多様であり，同種の製品であっても，その容量，構造，形式等は必ずしも一様ではないため，セグメントごとに生産規模を金額あるいは数量で示すことはしていません。このため，生産の状況については，「Ⅱ　セグメント別」における各セグメントの業績に関連付けて示しています。

ii　受注状況

　当社グループは注文住宅に関して受注生産を行っており，その受注状況は次のとおりです。その他の製品については主として見込生産を行っているため，特記すべき受注生産はありません。

セグメントの名称	受注高(百万円)	前期比(%)	受注残高(百万円)	前期比(%)
住宅	355,551	92.5	503,040	94.3

iii　販売実績

　当期における販売実績をセグメントごとに示すと，次のとおりです。

セグメントの名称	販売実績(百万円)	前期比(%)
マテリアル	1,316,615	108.8
住宅	898,971	109.3
ヘルスケア	496,881	119.5
その他	14,019	108.1
合計	2,726,485	110.8

(注)　1　セグメント間の取引については，相殺消去しています。
　　　2　前期及び当期において，主要な販売先として記載すべきものはありません。

②　財政状態 ···

　当期末の総資産は，Polypore社における固定資産の減損損失1,864億円を計上したものの，石化製品市況高騰や為替の円安等により棚卸資産が増加したことなどから，前期比1,055億円増加し，3兆4,545億円となりました。

　流動資産は，棚卸資産が1,023億円，受取手形，売掛金及び契約資産が81億

円，現金及び預金が65億円増加したことなどから，前期比1,540億円増加し，1兆4,882億円となりました。

　固定資産は，有形固定資産が665億円，退職給付に係る資産が246億円増加したものの，無形固定資産が1,001億円，投資有価証券が341億円減少したことなどから，前期比485億円減少し，1兆9,663億円となりました。

　流動負債は，1年内償還予定の社債が400億円，コマーシャル・ペーパーが110億円，前受金が105億円増加したものの，短期借入金が435億円，未払法人税等が406億円減少したことなどから，前期比117億円減少し，9,122億円となりました。

　固定負債は，繰延税金負債が242億円，退職給付に係る負債が234億円減少したものの，長期借入金が1,556億円増加したことなどから，前期比1,399億円増加し，8,464億円となりました。

　有利子負債は，前期比1,732億円増加し，9,395億円となりました。

　純資産は，為替換算調整勘定が978億円，退職給付に係る調整累計額が305億円増加したものの，親会社株主に帰属する当期純損失を913億円計上したことや配当金の支払486億円があったことなどから，前期末の1兆7,188億円から228億円減少し，1兆6,960億円になりました。

　その結果，1株当たり純資産は前期比18.04円減少し1,198.30円となり，自己資本比率は前期末の50.4％から48.1％となりました。D/Eレシオは前期末から0.11ポイント増加し0.57となりました。

③　キャッシュ・フローの状況 ……………………………………………………
Ⅰ　キャッシュ・フローの状況 ……………………………………………………
　当期のフリー・キャッシュ・フロー（営業活動によるキャッシュ・フローと投資活動によるキャッシュ・フローの合計額）は，固定資産の取得や法人税等の支払などによる支出が増加し，1,228億円の支出となりました。財務活動によるキャッシュ・フローでは，長期借入れによる収入などにより，1,118億円の収入となりました。

　以上の要因に加え，現金及び現金同等物に係る換算差額等により，現金及び現

金同等物の期末残高は，前期末に比べて50億円増加し，2,479億円となりました。

（営業活動によるキャッシュ・フロー）

　　当期の営業活動によるキャッシュ・フローは，法人税等の支払1,106億円，棚卸資産の増加841億円，税金等調整前当期純損失619億円などの支出があったものの，減損損失1,894億円，減価償却費1,390億円，のれん償却額377億円などの収入があったことから，908億円の収入（前期比925億円の収入の減少）となりました。

（投資活動によるキャッシュ・フロー）

　　当期の投資活動によるキャッシュ・フローは，投資有価証券の売却による収入432億円などがあったものの，有形固定資産の取得による支出1,520億円，Bionova社及びFocus社の買収により連結の範囲の変更を伴う子会社株式の取得による支出784億円，無形固定資産の取得による支出202億円などがあったことから，2,136億円の支出（前期比74億円の支出の減少）となりました。

（財務活動によるキャッシュ・フロー）

　　当期の財務活動によるキャッシュ・フローは，長期借入金の返済による支出755億円，配当金の支払額486億円，短期借入金の減少298億円などの支出があったものの，長期借入れによる収入2,096億円，社債の発行による収入500億円などの収入があったことから，1,118億円の収入（前期比695億円の収入の増加）となりました。

当社グループの連結キャッシュ・フローの推移　　　　　　　　　（単位：億円）

	2020年度	2021年度	2022年度
営業活動によるキャッシュ・フロー①	2,537	1,833	908
投資活動によるキャッシュ・フロー②	△1,578	△2,210	△2,136
フリー・キャッシュ・フロー③（①+②）	959	△377	△1,228
財務活動によるキャッシュ・フロー④	△959	423	1,118
現金及び現金同等物に係る換算差額⑤	96	210	157
現金及び現金同等物の増減額⑥（③+④+⑤）	97	256	47
現金及び現金同等物の期首残高⑦	2,048	2,162	2,429
連結の範囲の変更に伴う増減額⑧	18	11	2
現金及び現金同等物の期末残高（⑥+⑦+⑧）	2,162	2,429	2,479

Ⅱ 流動性と資金調達の源泉 ··

(資本の財源及び資金の流動性について)

　2024年3月31日に終了する連結会計年度においては，上期は厳しい経営環境を想定するものの，下期にかけて利益回復の取り組みや経営環境の改善を見込んでおり，各セグメントにおいて前連結会計年度を上回るキャッシュ・フローを創出することを見込んでいます。加えて，財務規律の強化や事業ポートフォリオ転換などを通じた収益体質の強化にも取り組み，更なるキャッシュの創出に継続的に努めています。

　また，当社グループでは，D/Eレシオ0.4〜0.7を目安に健全な財務体質を維持しつつ，これを背景に金融情勢に機動的に対応し，金融機関借入，社債やコマーシャル・ペーパーの発行など多様な調達手段により，安定的かつ低コストの資金調達を図ります。同時に資金の年度別返済の集中を避けることで借り換えリスクの低減も図っています。

　これらの資金を，経営基盤の強化・変革，持続可能な社会の実現と企業価値の継続的な向上のための戦略的な投資，及び株主の皆様への還元に活用していきます。

　なお，当社グループでは，CMS（キャッシュ・マネジメント・システム）とグローバル・ノーショナル・キャッシュ・プーリングを導入しており，国内外の金融子会社，海外現地法人などにおいて集中的な資金調達を行い，子会社へ資金供給するというグループファイナンスの考え方を基本としています。グローバル拡大への対応とグループ経営の深化の視点から，今後も連結ベースでの資金管理体制の更なる充実と資金効率化を図ります。

(2)　重要な判断を要する会計方針及び見積り ······························

　当社グループの連結財務諸表は，我が国において一般に公正妥当と認められている会計基準に基づき作成されています。この連結財務諸表を作成するにあたり重要となる会計方針については，「第5　経理の状況　1　連結財務諸表等（1）連結財務諸表注記事項（連結財務諸表作成のための基本となる重要な事項）」に記載されているとおりです。

当社グループは，退職給付会計，税効果会計，貸倒引当金，棚卸資産の評価，投資その他の資産の評価，訴訟等の偶発事象などに関して，過去の実績や当該取引の状況に照らして，合理的と考えられる見積り及び判断を行い，その結果を資産・負債の帳簿価額及び収益・費用の金額に反映して連結財務諸表を作成していますが，実際の結果は見積り特有の不確実性があるため，これらの見積りと異なる場合があります。

当社グループの財政状態又は経営成績に対して重大な影響を与え得る会計上の見積り及び判断が必要となる項目は以下のとおりです。なお，連結財務諸表の作成にあたって用いた会計上の見積り及び仮定のうち，重要なものは「第5　経理の状況　1　連結財務諸表等(1)連結財務諸表注記事項(重要な会計上の見積り)」に記載しています。

① **棚卸資産の評価** ……………………………………………………………………

当社グループで保有する棚卸資産は取得原価をもって貸借対照表価額とし，収益性の低下により期末における回収可能価額が取得原価よりも下落している場合には，回収可能価額まで棚卸資産の評価を切り下げています。回収可能価額は，商品及び製品については正味売却価額に基づき，原材料等については再調達原価に基づいています。経営者は，棚卸資産の評価に用いられた方法及び前提条件は適切であると判断しています。ただし，当社グループは，主に「マテリアル」セグメントを中心として市場価格の変動リスクに晒されており，将来，経営環境の悪化等により市場価格が下落した場合には棚卸資産の簿価を切り下げることになります。

② **企業結合取引の結果取得した無形固定資産の企業結合日時点における時価** ‥

当社グループは，企業結合取引の結果取得した無形固定資産の企業結合日時点における時価について，コスト・アプローチ，マーケット・アプローチ，インカム・アプローチなどの合理的に算定された価額を基礎として算定しています。

経営者は，無形固定資産の時価の見積りに用いられた，事業計画に含まれる将来の販売数量の見込みや割引率等についての主要な仮定について合理的であると判断しています。

③ **有形固定資産及び無形固定資産（のれんを含む）の減損** ……………………

　当社グループは，有形固定資産及び無形固定資産（のれんを含む）について，帳簿価額が回収できない可能性を示す事象や状況の変化が生じた場合に，減損の兆候があるものとして，減損損失の認識の判定を行っています。減損の存在が相当程度に確実と判断した場合，減損損失の測定を行い，当該資産の帳簿価額を回収可能価額まで減額し，当該減少額を減損損失として計上しています。回収可能価額は，使用価値と正味売却価額のうち，いずれか高い金額としています。使用価値は，将来の市場の成長度合い，収益と費用の予想，資産の予想使用期間，割引率等の前提条件に基づき将来キャッシュ・フローを見積もることにより算出しています。

　経営者は，減損の兆候及び減損損失の認識に関する判断，及び回収可能価額の見積りに関する評価は合理的であると判断しています。ただし，予測不能な市場環境の悪化等により有形固定資産及び無形固定資産（のれんを含む）の評価に関する見積りの前提に重要な変化が生じた場合には，減損損失を計上する可能性があります。

④ **繰延税金資産の評価** ……………………………………………………………

　当社グループは，繰延税金資産のうち，回収可能性に不確実性があり，将来において回収が見込まれない金額を評価性引当額として設定しています。繰延税金資産の回収可能性については，課税所得及びタックスプランニングの見積りにより計上していますが，特に課税所得の見積りには将来に関する予測や情報が含まれています。将来の予測や情報に基づき，繰延税金資産の一部又は全部が回収できない可能性が高いと判断した場合には，将来回収が可能と判断される額までを繰延税金資産に計上しています。経営者は，繰延税金資産の回収可能性の判断及び前提となる課税所得やタックスプランニングの見積りは適切であると判断しています。ただし，将来，経営環境の悪化等により，想定していた課税所得が見込まれなくなった場合は，評価性引当額を設定することにより繰延税金資産が取崩される可能性があります。

⑤ 退職給付債務及び費用 ··

　当社グループは主として従業員の確定給付制度に基づく退職給付債務及び費用について，割引率，昇給率，退職率，死亡率，年金資産の長期期待運用収益率等の前提条件を用いた数理計算により算出しています。割引率は測定日時点における，従業員の給付が実行されるまでの予想平均期間に応じた長期国債利回りに基づき決定し，各前提条件については定期的に見直しを行っています。長期期待運用収益率については，過去の年金資産の運用実績及び将来見通しを基礎として決定しています。

　経営者は，年金数理計算上用いられた方法及び前提条件は適切であると判断しています。ただし，前提条件を変更した場合，あるいは前提条件と実際の数値に差異が生じた場合には，数理計算上の差異が発生し，当社グループの退職給付債務及び費用に影響を与える可能性があります。

設備の状況

1 設備投資等の概要

　当社グループ（当社及び連結子会社）は，長期的に成長が期待できる製品分野における新規投資，能力拡大投資に重点を置くとともに，同時に製品の信頼性向上やコストダウンを目的とした合理化，情報化，維持投資を行っています。

　当連結会計年度のセグメントごとの設備投資額（有形，無形固定資産（のれん除く）受け入れベース数値）は次のとおりです。

	当連結会計年度		前連結会計年度比	
マテリアル	106,494	百万円	87.8	%
住宅	25,685	百万円	138.1	%
ヘルスケア	25,106	百万円	100.9	%
その他	645	百万円	21.3	%
計	157,930	百万円	94.1	%
全社及びセグメント間取引消去	16,943	百万円	89.9	%
合計	174,873	百万円	93.7	%

(注)　第1四半期連結会計期間より，組織変更に伴い，従来「住宅」セグメント及び「その他」に含めていた
　　　一部の事業並びに「全社及びセグメント間取引消去」に含めていた一部の研究組織等を「マテリアル」
　　　セグメントに含めて表示しています。それに伴い，前期比較については，前連結会計年度の数値を変
　　　更後のセグメント区分に組替えた数値で比較しています。

　当連結会計年度は，マテリアルを中心に，競争優位事業の拡大投資及び改良・合理化投資等1,749億円の投資を行いました。

　セグメントごとの主な投資内容は以下のとおりです。

セグメントの名称	設備投資の主な内容・目的
マテリアル	・Environment & Energy：リチウムイオン電池用セパレータ 　「ハイポア™」の生産能力増強 ・Mobility：人工皮革「Dinamica(旧ラムース®)」の生産設備増設 ・Life Material：スパンボンド不織布の生産設備増設、 　結晶セルロース「セオラス®」工場建設 ・共通：水力発電所改修、合理化、情報化、維持更新　等
住宅	Home & Living：合理化、情報化、維持更新　等
ヘルスケア	Health Care：ウイルス除去フィルター「プラノバ™ BioEX」の紡糸能力増強 及び「プラノバ™」組立工場建設、合理化、情報化、維持更新　等
その他	合理化、情報化、維持更新　等
全社	次期基幹システム構築、合理化、情報化、維持更新　等

2 主要な設備の状況

（1） 提出会社 ···

事業所名 （所在地）	セグメント の名称	設備の内容	帳簿価額（百万円）							従業員数 （人）
			建物 及び構築物	機械装置 及び運搬具	土地 （面積千㎡）	リース 資産	無形固定 資産	その他	合計	
延岡 （宮崎県延岡市 他）	マテリアル 全社	生産設備 他	66,931	52,721	11,267 (4,728)	11	3,060	27,184	161,174	1,944
守山 （滋賀県守山市）	マテリアル 全社	生産設備 他	29,914	36,445	3,616 (352)	－	1,040	17,793	88,809	861
水島 （岡山県倉敷市）	マテリアル 全社	生産設備 他	21,881	12,671	11,108 (1,444)	－	947	11,558	58,165	902
富士 （静岡県富士市）	マテリアル 全社	研究・生産設 備 他	20,447	9,693	1,035 (643)	－	794	3,862	35,831	1,004
鈴鹿 （三重県鈴鹿市）	マテリアル 全社	生産設備 他	15,980	10,787	2,451 (377)	－	235	2,608	32,060	589
川崎 （神奈川県川崎市 川崎区）	マテリアル 全社	生産設備 他	11,389	10,444	2,301 (286)	－	532	3,614	28,281	909
千葉 （千葉県袖ヶ浦市）	マテリアル 全社	生産設備 他	2,765	2,755	3,975 (416)	－	78	486	10,059	202
大分 （大分県大分市）	マテリアル 全社	生産設備 他	1,995	1,140	1,639 (1,349)	－	16	220	5,010	167
本社 （東京都千代田区） 他	マテリアル 全社	研究・生産設 備 他	10,620	5,027	11,033 (3,136)	－	35,056	13,061	74,798	2,209

(2) 国内子会社

2023年3月31日現在

会社名	事業所名(所在地)	セグメントの名称	設備の内容	建物及び構築物	機械装置及び運搬具	土地(面積千㎡)	リース資産	無形固定資産	その他	合計	従業員数(人)
旭化成ホームズ㈱	富士(静岡県富士市)他	住宅	開発・営業設備他	15,693	7,723	1,168 (4)	78	9,570	4,909	39,141	4,719
旭化成建材㈱	境(茨城県猿島郡境町)他	住宅	開発・製造・営業設備他	6,967	5,999	–	–	1,192	1,194	15,352	890
旭化成ファーマ㈱	大仁(静岡県伊豆の国市)他	ヘルスケア	開発・製造・営業設備他	12,850	3,202	–	–	9,796	1,291	27,139	1,626
旭化成メディカル㈱	大分(大分県大分市)他	ヘルスケア	開発・製造・営業設備他	16,110	8,657	861 (52)	–	939	5,083	31,651	448

(3) 在外子会社

2023年3月31日現在

会社名	事業所名(所在地)	セグメントの名称	設備の内容	建物及び構築物	機械装置及び運搬具	土地(面積千㎡)	リース資産	無形固定資産	その他	合計	従業員数(人)
Tongsuh Petrochemical Corporation	Ulsan (Korea) 他	マテリアル	生産設備他	2,920	4,278	2,017 (260)	–	230	7,571	17,016	231
Sage Automotive Interiors, Inc. 他28社	Greenville (South Carolina, U.S.A.) 他	マテリアル	開発・製造・営業設備他	5,566	10,710	1,919 (1,656)	–	47,472	9,001	74,668	3,973
Asahi Kasei Spunbond (Thailand) Co., Ltd.	Chonburi (Thailand)	マテリアル	生産設備他	2,540	12,387	1,482 (63)	–	66	513	16,989	217
Polypore International, LP 他22社	Charlotte (North Carolina, U.S.A.) 他	マテリアル	開発・製造・営業設備他	13,576	34,466	1,691 (1,089)	–	–	13,552	63,284	1,831
ZOLL Medical Corporation 他44社	Chelmsford (Massachusetts, U.S.A.) 他	ヘルスケア	開発・製造・営業設備他	9,487	13,562	3,144 (286)	889	106,047	20,487	153,616	6,587
Veloxis Pharmaceuticals, Inc.	Cary (North Carolina, U.S.A.)	ヘルスケア	開発・製造・営業設備他	–	8	–	59	103,066	934	104,068	91

(注) 1 帳簿価額については,連結消去前の金額で表示しています。

2 帳簿価額「無形固定資産」にはのれんを含めていません。また,「その他」は,工具,器具及び備品,使用権資産,建設仮勘定の合計です。

なお,表中の「リース資産」には有形固定資産のみ記載し,無形リース資産は「無形固定資産」に含めています。

3 従業員数は就業人員数であり，平均臨時雇用者数は重要性がないため記載していません。

3 設備の新設，除却等の計画

（1） 重要な設備の新設等 ･･

2023年3月31日現在において，当社グループが実施又は計画している2023年度の設備の新設，重要な拡充，改修等の状況は次のとおりです。

セグメントの名称	計画金額 （百万円）	設備計画の主な内容・目的
マテリアル	133,000	・Environment & Energy：リチウムイオン電池用セパレータ「ハイポア™」の生産能力増強 ・共通：水力発電所改修、合理化、情報化、維持更新　等
住宅	23,000	Home & Living：合理化、情報化、維持更新　等
ヘルスケア	52,000	Health Care：ウイルス除去フィルター「プラノバ™」組立工場建設、バイオ医薬品CDMOのBionova社の能力増強、合理化、情報化、維持更新　等
その他	1,000	合理化、情報化、維持更新　等
全社	19,000	次期基幹システム構築、合理化、情報化、維持更新　等
合計	228,000	

（注）上記計画の所要資金は，グループ内資金により賄う予定です。

（2） 重要な設備の除却等 ･･

該当事項はありません。

提出会社の状況

1 株式等の状況

（1） 株式の総数等 ···

① 株式の総数

種類	発行可能株式総数（株）
普通株式	4,000,000,000
計	4,000,000,000

② 発行済株式

種類	事業年度末現在 発行数（株） （2023年3月31日）	提出日現在 発行数（株） （2023年6月27日）	上場金融商品取引所名又は 登録認可金融商品取引業協会名	内容
普通株式	1,393,932,032	1,393,932,032	東京証券取引所 プライム市場	単元株式数100株
計	1,393,932,032	1,393,932,032	－	－

■ 経理の状況

1　連結財務諸表及び財務諸表の作成方法について ·······················

(1)　当社の連結財務諸表は、「連結財務諸表の用語，様式及び作成方法に関する規則」（昭和51年大蔵省令第28号）に基づいて作成しています。

(2)　当社の財務諸表は、「財務諸表等の用語，様式及び作成方法に関する規則」（昭和38年大蔵省令第59号。以下「財務諸表等規則」という）に基づいて作成しています。

　また，当社は，特例財務諸表提出会社に該当し，財務諸表等規則第127条の規定により財務諸表を作成しています。

2　監査証明について ···

　当社は，金融商品取引法第193条の2第1項の規定に基づき，連結会計年度（2022年4月1日から2023年3月31日まで）の連結財務諸表及び事業年度（2022年4月1日から2023年3月31日まで）の財務諸表について，PwCあらた有限責任監査法人による監査を受けています。

3　連結財務諸表等の適正性を確保するための特段の取組みについて ··········

　当社は，連結財務諸表等の適正性を確保するための特段の取組みを行っています。具体的には，会計基準等の変更等について的確に対応することができる体制を整備するため，公益財団法人財務会計基準機構へ加入し，情報収集及びコミュニケーションを行うとともに，同財団法人等が主催する各種セミナー等に参加することにより，会計基準等の内容を適切に把握することに努めています。

（1） 連結財務諸表

① 連結貸借対照表

（単位：百万円）

	前連結会計年度 （2022年3月31日）		当連結会計年度 （2023年3月31日）	
資産の部				
流動資産				
現金及び預金	※2	244,641	※2	251,181
受取手形、売掛金及び契約資産	※3	434,595	※3	442,692
商品及び製品	※2	252,521		310,380
仕掛品		146,120		162,255
原材料及び貯蔵品		141,608		169,918
その他	※6	117,195	※6	154,335
貸倒引当金		△2,471		△2,567
流動資産合計		1,334,209		1,488,195
固定資産				
有形固定資産				
建物及び構築物	※2,※5	646,311	※5	663,642
減価償却累計額		△333,966		△347,877
建物及び構築物（純額）		312,344		315,765
機械装置及び運搬具	※5	1,569,782	※2,※5	1,611,495
減価償却累計額		△1,288,462		△1,313,694
機械装置及び運搬具（純額）		281,320		297,801
土地	※5	69,567	※5	69,232
リース資産		8,679		12,017
減価償却累計額		△6,814		△6,457
リース資産（純額）		1,865		5,560
建設仮勘定		102,284		120,299
その他	※5	159,312	※5	188,994
減価償却累計額		△121,477		△125,950
その他（純額）		37,834		63,045
有形固定資産合計		805,215		871,701
無形固定資産				
のれん		431,335		368,089
その他		405,508		368,695
無形固定資産合計		836,843		736,784
投資その他の資産				
投資有価証券	※1,※2	246,701	※1,※2	212,611
長期貸付金		6,227		8,466
長期前渡金	※6	30,432	※6	28,267
退職給付に係る資産		1,193		25,836
繰延税金資産		54,276		45,916
その他		34,404		37,248
貸倒引当金		△426		△498
投資その他の資産合計		372,808		357,846
固定資産合計		2,014,866		1,966,332
資産合計		3,349,075		3,454,526

（単位：百万円）

	前連結会計年度 （2022年3月31日）		当連結会計年度 （2023年3月31日）
負債の部			
流動負債			
支払手形及び買掛金	178,092		180,560
短期借入金	239,491	※2	196,032
コマーシャル・ペーパー	113,000		124,000
1年内償還予定の社債	—		40,000
リース債務	2,224		6,766
未払費用	146,275		147,163
未払法人税等	58,115		17,491
前受金	62,476		72,948
株式給付引当金	208		80
修繕引当金	4,738		8,410
製品保証引当金	4,007		4,240
固定資産撤去費用引当金	4,445		3,788
その他	110,778		110,683
流動負債合計	923,850		912,163
固定負債			
社債	160,000		170,000
長期借入金	253,785	※2	409,424
リース債務	8,715		28,526
繰延税金負債	52,017		27,767
株式給付引当金	490		339
修繕引当金	5,396		4,309
固定資産撤去費用引当金	12,298		15,910
退職給付に係る負債	152,081		128,708
長期預り保証金	22,490		22,703
その他	39,139		38,671
固定負債合計	706,410		846,355
負債合計	1,630,260		1,758,517
純資産の部			
株主資本			
資本金	103,389		103,389
資本剰余金	79,887		79,841
利益剰余金	1,282,325		1,142,325
自己株式	△6,219		△7,426
株主資本合計	1,459,381		1,318,129
その他の包括利益累計額			
その他有価証券評価差額金	66,287		52,310
繰延ヘッジ損益	△341		72
為替換算調整勘定	167,225		265,013
退職給付に係る調整累計額	△5,142		25,397
その他の包括利益累計額合計	228,029		342,793
非支配株主持分	31,405		35,087
純資産合計	1,718,815		1,696,009
負債純資産合計	3,349,075		3,454,526

② 連結損益計算書及び連結包括利益計算書

連結損益計算書

	前連結会計年度 （自 2021年4月1日 至 2022年3月31日）	当連結会計年度 （自 2022年4月1日 至 2023年3月31日）
売上高	※1 2,461,317	※1 2,726,485
売上原価	※3,※4 1,691,549	※3,※4 1,952,709
売上総利益	769,769	773,776
販売費及び一般管理費	※2,※3 567,122	※2,※3 645,424
営業利益	202,647	128,352
営業外収益		
受取利息	1,364	3,896
受取配当金	4,332	4,021
持分法による投資利益	8,878	923
その他	7,088	5,210
営業外収益合計	21,663	14,050
営業外費用		
支払利息	3,643	5,907
為替差損	−	2,287
休止設備関連費用	850	3,300
その他	7,764	9,371
営業外費用合計	12,257	20,867
経常利益	212,052	121,535
特別利益		
投資有価証券売却益	26,545	32,201
固定資産売却益	※5 912	※5 729
受取保険金	3,777	8,814
段階取得に係る差益	1,700	−
特別利益合計	32,934	41,744
特別損失		
投資有価証券評価損	511	2,805
固定資産処分損	※6 7,526	※6 12,517
減損損失	※7 6,811	※7 189,446
火災損失	−	※8 7,092
事業構造改善費用	※7,※9 15,017	※7,※9 13,326
特別損失合計	29,866	225,186
税金等調整前当期純利益又は税金等調整前当期純損失（△）	215,121	△61,906
法人税、住民税及び事業税	93,046	56,118
法人税等調整額	△41,759	△28,654
法人税等合計	51,287	27,464
当期純利益又は当期純損失（△）	163,834	△89,370
非支配株主に帰属する当期純利益	1,954	1,942
親会社株主に帰属する当期純利益又は親会社株主に帰属する当期純損失（△）	161,880	△91,312

連結包括利益計算書

（単位：百万円）

	前連結会計年度 （自 2021年4月1日 至 2022年3月31日）	当連結会計年度 （自 2022年4月1日 至 2023年3月31日）
当期純利益又は当期純損失（△）	163,834	△89,370
その他の包括利益		
その他有価証券評価差額金	△25,746	△13,706
繰延ヘッジ損益	5	414
為替換算調整勘定	114,406	95,343
退職給付に係る調整額	5,403	30,593
持分法適用会社に対する持分相当額	3,599	2,544
その他の包括利益合計	※1 97,668	※1 115,188
包括利益	261,502	25,818
（内訳）		
親会社株主に係る包括利益	258,322	23,452
非支配株主に係る包括利益	3,180	2,367

③ 連結株主資本等変動計算書

前連結会計年度（自　2021年4月1日　至　2022年3月31日）

（単位：百万円）

	株主資本				
	資本金	資本剰余金	利益剰余金	自己株式	株主資本合計
当期首残高	103,389	79,641	1,158,792	△5,932	1,335,890
会計方針の変更による累積的影響額			9,212		9,212
会計方針の変更を反映した当期首残高	103,389	79,641	1,168,004	△5,932	1,345,102
当期変動額					
剰余金の配当			△47,187		△47,187
親会社株主に帰属する当期純利益又は親会社株主に帰属する当期純損失（△）			161,880		161,880
自己株式の取得				△412	△412
自己株式の処分		0		125	125
連結範囲の変動			△371		△371
連結子会社の増資による持分の増減		245			245
株主資本以外の項目の当期変動額（純額）					
当期変動額合計	－	245	114,321	△287	114,279
当期末残高	103,389	79,887	1,282,325	△6,219	1,459,381

	その他の包括利益累計額					非支配株主持分	純資産合計
	その他有価証券評価差額金	繰延ヘッジ損益	為替換算調整勘定	退職給付に係る調整累計額	その他の包括利益累計額合計		
当期首残高	91,887	△347	50,462	△10,416	131,586	27,058	1,494,535
会計方針の変更による累積的影響額							9,212
会計方針の変更を反映した当期首残高	91,887	△347	50,462	△10,416	131,586	27,058	1,503,747
当期変動額							
剰余金の配当							△47,187
親会社株主に帰属する当期純利益又は親会社株主に帰属する当期純損失（△）							161,880
自己株式の取得							△412
自己株式の処分							125
連結範囲の変動							△371
連結子会社の増資による持分の増減							245
株主資本以外の項目の当期変動額（純額）	△25,600	5	116,763	5,274	96,443	4,347	100,789
当期変動額合計	△25,600	5	116,763	5,274	96,443	4,347	215,069
当期末残高	66,287	△341	167,225	△5,142	228,029	31,405	1,718,815

当連結会計年度（自　2022年4月1日　至　2023年3月31日）

（単位：百万円）

	株主資本				
	資本金	資本剰余金	利益剰余金	自己株式	株主資本合計
当期首残高	103,389	79,887	1,282,325	△6,219	1,459,381
当期変動額					
剰余金の配当			△48,575		△48,575
親会社株主に帰属する当期純利益又は親会社株主に帰属する当期純損失（△）			△91,312		△91,312
自己株式の取得				△1,414	△1,414
自己株式の処分		0		208	208
連結範囲の変動			△139		△139
持分法の適用範囲の変動		25			25
連結子会社の増資による持分の増減		△46			△46
株主資本以外の項目の当期変動額（純額）					
当期変動額合計	－	△46	△140,000	△1,207	△141,253
当期末残高	103,389	79,841	1,142,325	△7,426	1,318,129

	その他の包括利益累計額					非支配株主持分	純資産合計
	その他有価証券評価差額金	繰延ヘッジ損益	為替換算調整勘定	退職給付に係る調整累計額	その他の包括利益累計額合計		
当期首残高	66,287	△341	167,225	△5,142	228,029	31,405	1,718,815
当期変動額							
剰余金の配当							△48,575
親会社株主に帰属する当期純利益又は親会社株主に帰属する当期純損失（△）							△91,312
自己株式の取得							△1,414
自己株式の処分							208
連結範囲の変動							△139
持分法の適用範囲の変動							25
連結子会社の増資による持分の増減							△46
株主資本以外の項目の当期変動額（純額）	△13,977	414	97,789	30,538	114,764	3,682	118,446
当期変動額合計	△13,977	414	97,789	30,538	114,764	3,682	△22,806
当期末残高	52,310	72	265,013	25,397	342,793	35,087	1,696,009

④ 連結キャッシュ・フロー計算書

（単位：百万円）

	前連結会計年度 （自 2021年4月1日 至 2022年3月31日）	当連結会計年度 （自 2022年4月1日 至 2023年3月31日）
営業活動によるキャッシュ・フロー		
税金等調整前当期純利益又は税金等調整前当期純損失（△）	215,121	△61,906
減価償却費	119,738	138,956
減損損失	6,811	189,446
のれん償却額	28,391	37,695
株式給付引当金の増減額（△は減少）	60	△279
修繕引当金の増減額（△は減少）	△502	2,585
製品保証引当金の増減額（△は減少）	233	198
固定資産撤去費用引当金の増減額（△は減少）	△1,562	2,951
退職給付に係る負債の増減額（△は減少）	△2,939	△5,838
受取利息及び受取配当金	△5,696	△7,917
支払利息	3,643	5,907
持分法による投資損益（△は益）	△8,878	△923
投資有価証券売却損益（△は益）	△26,545	△32,201
投資有価証券評価損益（△は益）	511	2,805
固定資産売却損益（△は益）	△912	△729
固定資産処分損益（△は益）	7,526	12,517
売上債権及び契約資産の増減額（△は増加）	△45,911	8,405
棚卸資産の増減額（△は増加）	△73,257	△84,053
仕入債務の増減額（△は減少）	21,392	△7,949
未払費用の増減額（△は減少）	10,184	△5,167
前受金の増減額（△は減少）	10,546	8,040
その他	△19,112	△8,982
小計	238,843	193,563
利息及び配当金の受取額	7,212	13,666
利息の支払額	△3,647	△5,859
法人税等の支払額又は還付額（△は支払）	△59,137	△110,565
営業活動によるキャッシュ・フロー	183,271	90,804
投資活動によるキャッシュ・フロー		
定期預金の預入による支出	△3,267	△5,209
定期預金の払戻による収入	7,224	3,702
有形固定資産の取得による支出	△142,256	△151,973
有形固定資産の売却による収入	1,280	7,796
無形固定資産の取得による支出	△27,452	△20,185
投資有価証券の取得による支出	△5,805	△7,352
投資有価証券の売却による収入	33,437	43,200
連結の範囲の変更を伴う子会社株式の取得による支出	※2　△80,912	※2　△78,420
貸付けによる支出	△6,102	△6,661
貸付金の回収による収入	2,782	2,132
その他	52	△613
投資活動によるキャッシュ・フロー	△221,019	△213,584

	前連結会計年度 （自 2021年4月1日 至 2022年3月31日）	当連結会計年度 （自 2022年4月1日 至 2023年3月31日）
財務活動によるキャッシュ・フロー		
短期借入金の純増減額（△は減少）	65,632	△29,778
コマーシャル・ペーパーの増減額（△は減少）	29,000	11,000
長期借入れによる収入	896	209,648
長期借入金の返済による支出	△51,094	△75,461
社債の発行による収入	50,000	50,000
リース債務の返済による支出	△2,298	△3,665
自己株式の取得による支出	△412	△1,415
自己株式の処分による収入	125	208
配当金の支払額	△47,187	△48,575
非支配株主からの払込みによる収入	―	1,499
非支配株主への配当金の支払額	△2,190	△1,371
連結の範囲の変更を伴わない子会社株式の取得による支出	―	△163
その他	△152	△149
財務活動によるキャッシュ・フロー	42,321	111,780
現金及び現金同等物に係る換算差額	21,027	15,744
現金及び現金同等物の増減額（△は減少）	25,600	4,744
現金及び現金同等物の期首残高	216,235	242,948
連結の範囲の変更に伴う現金及び現金同等物の増減額（△は減少）	1,112	212
現金及び現金同等物の期末残高	※1 242,948	※1 247,903

【注記事項】

（連結財務諸表作成のための基本となる重要な事項）

1 連結の範囲に関する事項 ･･･

（1） 連結子会社の数　285社

　主要な連結子会社名は，「第1　企業の概況　4　関係会社の状況」に記載しているため，省略しています。

　なお，当連結会計年度より，新たに設立した9社，新たに株式を取得した子会社8社，連結財務諸表に与える影響が重要となってきた持分法を適用していない非連結子会社3社を連結子会社としています。

　また，連結子会社の清算により5社，当社による連結子会社の吸収合併により1社，連結子会社間の合併により2社を連結子会社から除外しています。

（2）　主要な非連結子会社の名称等

　主要な非連結子会社……旭化成ネットワークス（株）等

　非連結子会社は，いずれも小規模であり，合計の総資産・売上高・当期純損益（持分相当額）及び利益剰余金（持分相当額）等は，いずれも連結財務諸表に重要な影響を及ぼしていないため連結の範囲から除外しています。

2 持分法の適用に関する事項 ･･･

（1）　持分法適用の非連結子会社数　　7社

　　主要な会社名……旭化成ネットワークス（株）等

（2）　持分法適用の関連会社数　　36社

　　主要な会社名……旭有機材（株）等

　なお，当連結会計年度より，株式の売却等により関連会社2社を持分法適用会社から除外しています。

（3）　持分法を適用していない非連結子会社（Asahi Kasei Innovation Partners, Inc.等）及び関連会社（南陽化成（株）等）は，当期純損益（持分相当額）及び利益剰余金（持分相当額）等が連結財務諸表に及ぼす影響が軽微であり，かつ全体としても重要性がないため，持分法の適用範囲から除外しています。

（4）　持分法適用会社のうち，決算日が連結決算日と異なる会社については，各

社の事業年度に係る財務諸表を使用しています。

3 連結子会社の事業年度等に関する事項 ……………………………………

連結子会社のうち, Thai Asahi Kasei Spandex Co., Ltd., 杭州旭化成アンロン有限公司, 杭州旭化成紡織有限公司, 旭化成国際貿易 (上海) 有限公司, Sage Automotive Interiors Poland SP. Z. O. O., Sage Tunisia S. a. r. I., European Interior S. R. L., Sage Automotive Interiorsde Mexico, S. de R. L. de C. V., SAGE DE SAN LUIS POTOSÍS. A. DE C. V., Sage Automotive Interiors Limited, Sage Brasil Interiores Automotive Industriae Comercio, Ltda., Sage-ONF Automotive Interior Material (Jiangsu) Co., Ltd, Sage Automotive Interiors (GuangZhou) Co., Ltd., Sage Kotobukiya Automotive Interiors Thailand, Sage Automotive Interiors, Lerma,

S. de R. L. de C. V., Sage Automotive Services S. de R. L. de C. V., Limited Liability Company Sage Automotive Interiors Rus, Sage Automotive Interiors El Paso, Inc., Sage Automotive Interiorsde JuarezS. De R. L De C. V., Asahi Kasei Chemicals Korea Co., Ltd., 旭化成ポリアセタール (張家港) 有限公司, ASAHI KASEI PLASTICS MEXICO, S. A. DEC. V., 旭化成塑料 (上海) 有限公司, 旭化成塑料 (香港) 有限公司, 旭化成塑料 (広州) 有限公司, 旭化成塑料 (常熟) 有限公司, 旭化成精細化工 (南通) 有限公司, 旭化成分離膜装置 (杭州) 有限公司, 旭化成電子材料 (蘇州) 有限公司, 旭化成電子材料 (常熟) 有限公司, Daramic Tianjin PE Separator Co., Ltd., Daramic Separadores de Baterias Ltda., Daramic, LLC, Daramic Xiangyang Battery Separator Co., Ltd., Polypore Hong Kong, Limited, Polypore (Shanghai) Membrane Products Co., Ltd., PPO Energy Storage Materials HK, Ltd, Senseair Chengdu Gas Sensors Co., Ltd, 旭化成医療機器 (杭州) 有限公司, 旭化成生物工程 (上海) 有限公司, ZOLL Medical (Shanghai) Co. Ltd., Suzhou ZOLL Medical Technology Co., Ltd, ZOLL Medical Switzerland AG, PT ZOLL Medical Indonesia, ZOLL Latin America S. A., I. M. E. 2016 BV, Itamar Medical RPM Ltd., Bionique Testing Laboratories LLC, 旭化成 (中国) 投資有

限公司，旭化成マイクロデバイス中国有限公司，旭化成科貿（上海）有限公司の決算日は，12月31日です。連結財務諸表の作成にあたっては，連結決算日現在で仮決算を行った財務諸表を基礎としています。

4　会計方針に関する事項

（1）　重要な資産の評価基準及び評価方法

① 有価証券

その他有価証券

市場価格のない株式等以外のもの

時価法

（評価差額は全部純資産直入法により処理し，売却原価は主として移動平均法により算定）

市場価格のない株式等

主として移動平均法による原価法

② デリバティブ

時価法

③ 棚卸資産

主として総平均法による原価法

ただし，販売用土地及び住宅については個別法による原価法

（連結貸借対照表価額は収益性の低下に基づく簿価切下げの方法により算定）

（2）　重要な減価償却資産の減価償却の方法

① 有形固定資産（リース資産を除く）

定額法

なお，主な耐用年数は以下のとおりです。

建物及び構築物　　　7～60年

機械装置及び運搬具　2～22年

② 無形固定資産（リース資産を除く）

ソフトウエア（自社利用）については，社内における利用可能期間（主として5

年）に基づく定額法

その他の無形固定資産は主として定額法

③　リース資産

所有権移転外ファイナンス・リース取引に係るリース資産

リース期間を耐用年数とし，残存価額を零とする定額法

(3)　重要な引当金の計上基準 ···

① 　貸倒引当金

　債権の貸倒れによる損失に備えるために，一般債権については貸倒実績率により，貸倒懸念債権等特定の債権については個別に回収可能性を勘案し，回収不能見込額を計上しています。

②　株式給付引当金

　株式交付規程に基づく取締役等への当社株式等の給付に備えるため，当連結会計年度末における株式給付債務の見込額に基づき計上しています。

③　修繕引当金

　設備の修繕に伴う費用の支出に備えるため，その見込額のうち当連結会計年度末において発生していると認められる額を計上しています。

④　製品保証引当金

　将来の製品保証費用の支出に備えるため，過去の補償費用発生実績に基づき計上しています。

⑤　固定資産撤去費用引当金

　固定資産の撤去工事に伴う費用の支出に備えるため，その見込額を計上しています。

(4)　退職給付に係る会計処理の方法 ·····································

①　退職給付見込額の期間帰属方法

　退職給付債務の算定にあたり，退職給付見込額を当連結会計年度末までの期間に帰属させる方法については，給付算定式基準によっています。

② **数理計算上の差異及び過去勤務費用の費用処理方法**

数理計算上の差異は，その発生時の従業員の平均残存勤務期間以内の一定の年数（主として10年）による定額法によりそれぞれ発生の翌連結会計年度から費用処理しています。

過去勤務費用は，その発生時の従業員の平均残存勤務期間以内の一定の年数（主として10年）による定額法により費用処理しています。

③ **小規模企業等における簡便法の採用**

一部の連結子会社は，退職給付に係る負債及び退職給付費用の計算に，退職給付に係る期末自己都合要支給額を退職給付債務とする方法を用いた簡便法を適用しています。

(5) 重要な収益及び費用の計上基準 ···

当社グループは，「マテリアル」セグメント，「住宅」セグメント，「ヘルスケア」セグメントの製品の販売，請負工事，サービスの提供等を主な事業としています。

製品の販売については，製品の引渡時点において顧客が当該製品に対する支配を獲得し，履行義務が充足されると判断していることから，顧客に引き渡された時点で収益を認識しています。ただし，出荷時から製品の支配が顧客に移転される時までの期間が通常の期間である国内販売については，出荷時点で収益を認識しています。

工事契約やサービスについては，一定の期間にわたり充足される履行義務の要件を満たす場合には，一定の期間にわたり収益を認識しています。また，工事契約の履行義務の充足に係る進捗度の測定は，各報告期間の期末日までに発生した工事原価が，予想される工事原価の合計に占める割合に基づいて行っています。

収益は顧客との契約において約束された対価から，返品，値引き及び割戻し等を控除した著しい減額が生じない可能性が高い範囲内の金額で算定しています。

なお，取引の対価は，履行義務を充足してから主として1年以内に受領しているため，重要な金融要素は含んでいません。

（6） 重要な外貨建の資産又は負債の本邦通貨への換算基準 ·····················

外貨建金銭債権債務は，連結決算日の直物為替相場により円貨に換算し，換算差額は損益として処理しています。なお，在外子会社等の資産及び負債は連結決算日の直物為替相場により，収益及び費用は期中平均相場により円貨に換算し，換算差額は純資産の部における為替換算調整勘定及び非支配株主持分に含めています。

（7） 重要なヘッジ会計の方法 ··

① ヘッジ会計の方法

主として繰延ヘッジ処理を採用しています。

なお，金利スワップについては特例処理の要件を満たしている場合は特例処理を採用しています。

② ヘッジ手段とヘッジ対象

ヘッジ手段	ヘッジ対象
為替予約	外貨建金銭債権債務（予定取引を含む）
金利通貨スワップ	支払利息
金利スワップ	支払利息

③ ヘッジ方針

当社及び一部の連結子会社においては，デリバティブ取引に関する社内規程に基づき，為替レートの変動リスク及び金利変動リスクを回避することを目的としています。

④ ヘッジ有効性評価の方法

ヘッジ手段及びヘッジ対象に関する重要な条件が同一であり，かつ，ヘッジ開始時及びその後も継続して相場変動又はキャッシュ・フロー変動を完全に相殺するものと想定することができるため，ヘッジ有効性の判定は省略しています。

（8） のれんの償却方法及び償却期間 ··································

のれんの償却については，その効果の及ぶ合理的な期間で均等償却を行っています。ただし，重要性のないものについては一括償却しています。

(9)　連結キャッシュ・フロー計算書における資金の範囲 ⋯⋯⋯⋯⋯⋯⋯⋯⋯⋯⋯

　手許現金，随時引き出し可能な預金及び容易に換金可能であり，かつ，価値の変動について僅少なリスクしか負わない取得日から3ヶ月以内に償還期限の到来する短期投資からなっています。

（10）　グループ通算制度の適用 ⋯⋯⋯⋯⋯⋯⋯⋯⋯⋯⋯⋯⋯⋯⋯⋯⋯⋯⋯⋯⋯⋯⋯

　グループ通算制度の適用を開始しています。

（重要な会計上の見積り）

　Polypore International, LP の買収により認識されたのれんに関する減損の兆候の有無

（1）　当連結会計年度の連結財務諸表に計上した金額

	当連結会計年度末における帳簿価額（減損損失計上後）	減損損失計上額
有形固定資産及び無形固定資産(のれんを含む)	63,284百万円	186,376百万円

　なお，上記減損損失について，のれんに130,384百万円，その他の無形固定資産に55,992百万円を配分しています。

（2）　識別した項目に係る重要な会計上の見積りの内容に関する情報

　当社グループは，バッテリーセパレータ事業において，リチウムイオン電池用湿式セパレータである「ハイポア」の技術開発・製品開発力の強化を図りながら，市場での高い評価を築き供給責任を果たしてきました。また，2016年3月期に米国Polypore International, LP を買収し，同社が営むリチウムイオン電池用乾式セパレータである「セルガード」及び鉛蓄電池用セパレータである「ダラミック」をバッテリーセパレータ事業に加えることで，当社グループは，リチウムイオン電池用セパレータ（湿式・乾式）及び鉛蓄電池用セパレータのいずれも有する，唯一のセパレータメーカーとなりました。環境対応車市場は成長市場であるために，急速なテクノロジーの進化や代替可能性のある製品間での競争激化を伴いますが，当社グループは，Polypore International, LP買収の結果得られた幅広い製品ラインアップと市場への多様な供給チャネルを通じて環境対応車市場の変化に対応した最適なバッテリーセパレータを開発・供給し，Polypore International,

LP買収によるシナジーの実現を図ってきました。そのため，当社グループは，これらのバッテリーセパレータを管理する体制として「セパレータ事業統括部」を設置し，当該事業統括部単位で経営戦略や最適な投資バランスの決定，収益管理等の管理会計を一体運営していたことから，当該セパレータ事業を資産のグルーピング単位とした上で，Polypore International, LPののれんを含めた固定資産の評価を行ってきました。

　しかしながら，環境対応車市場に関する各国における政策の動向や，リチウムイオン電池用のセパレータについて，湿式・乾式の棲み分けが明確となってきており，各製品から生ずるキャッシュ・イン・フローが相互に補完的な影響を及ぼしあっている状況が年々解消されています。このような状況の中で，当連結会計年度における以下のような経済環境の大きな変化を受け，北米における車載用リチウムイオン電池市場の拡大が明らかとなり，今後の環境対応車市場の動向と，それに向けた各事業の事業戦略の方向性が明確になってきました。

・環境対応車市場が中国・欧州において相次いでEV化にシフトしたことに加え，米国においても2022年8月に成立したインフレ抑制法によってEVにシフトすることが明らかになり，北米において，高容量のリチウムイオン電池に関するサプライチェーン構築が加速する見込みであり，カーボンニュートラルでサステナブルな世界の実現の視点で当社グループが目指す「持続可能な社会」への貢献に欠かせない事業のひとつであるリチウムイオン電池用湿式セパレータ「ハイポア」の大きな事業機会となっていること

・Polypore International,LP買収時においてEV用リチウムイオン電池セパレータの中心的な製品となることを想定していたリチウムイオン電池用乾式セパレータ「セルガード」については，上記の高容量のリチウムイオン電池を使用したEV用途とは異なる市場として，2022年8月に発表したAmericanBatteryFactoryとの戦略的提携契約に代表されるエネルギー貯蔵システム（ESS）向けのリン酸鉄リチウム（LFP）系の正極を使用したリチウムイオン電池や，高出力・高耐久性といった製品の特徴を活かせるハイブリッド車向けリチウムイオン電池での採用に注力していくこと

　それを踏まえて，当社グループは，2023年3月8日開催の取締役会において，

セパレータ事業の今後の事業方針として，北米市場を中心に，リチウムイオン電池用湿式セパレータ「ハイポア」に経営資源を集中し，急成長する高容量電池を搭載した電気自動車（EV）等の環境対応車用電池市場に注力していく旨の事業運営方針の変更を行いました。また，同取締役会において，当該事業運営方針の変更に伴い，「ハイポア」，及びPolypore International, LPのそれぞれの事業による独立運営へと切り替えることを決定しました。

当社グループは，これらの相互補完性が年々解消されてきている点や，事業運営方針の変更による管理会計上の区分の変更を伴う事実関係の変化を契機として，資産のグルーピング単位を「ハイポア」，及びPolypore International, LPの単位に変更しました。なお，Polypore International, LPの買収により認識されたのれん及び無形固定資産については，Polypore International, LPの資産グループに含まれています。

事業運営方針の変更を受けたPolypore International, LPの今後の事業計画には，リン酸鉄リチウム（LFP）系の正極を使用したリチウムイオン電池や，ハイブリッド車向けリチウムイオン電池等の，EV用途とは異なる市場における販売戦略等が反映されている一方，買収時に想定していたEV向けセパレータの拡大は困難な状況にあります。そのため，当社グループは，環境対応車市場を取り巻く規制強化等の経営環境の変化に加えて，Polypore International, LPにおける事業運営方針の変更が，Polypore International, LPの買収により認識されたのれん及び無形固定資産を含むPolypore International, LPの資産グループにおいて「回収可能価額を著しく低下させる変化が生じた場合」に該当すると判断し，当該資産グループにおいて，減損の兆候を識別しています。

さらに，当社グループは，減損損失の認識の判定，及び減損損失の測定の結果，のれん及び無形固定資産を対象として，186,376百万円の減損損失を計上しました。減損損失の測定にあたり，回収可能価額として，「使用価値」を用いています。「使用価値」は，将来キャッシュ・フローの現在価値として算定され，事業環境等の企業の外部要因に関する情報や販売戦略を考慮して見積られた将来の売上予測や営業利益率，割引率等の主要な仮定が含まれています。将来の売上予測や営業利益率は事業環境等の企業の外部要因に関する情報や販売戦略を考慮して見積

られており，Polypore International, LP の今後の事業方針が反映されています。また，割引率は14.5%を採用しており，当該割引率には，税引前の加重平均資本コストに貨幣の時間価値と将来キャッシュ・フローがその見積値から乖離するリスクの両方が反映されています。

　環境対応車市場を主体としたバッテリーセパレータ事業の事業環境は大きく変化しており，将来の売上予測や営業利益率，割引率等の会計上の見積りに使用された主要な仮定は，見積りの不確実性の程度が高く，前提とした状況が悪化すれば，追加的な減損損失が発生する可能性があります。

（会計方針の変更）

1　時価の算定に関する会計基準の適用指針の適用 ……………………………

　「時価の算定に関する会計基準の適用指針」（企業会計基準適用指針第31号。以下「時価算定会計基準適用指針」という。）を当連結会計年度の期首から適用し，時価算定会計基準適用指針第27－2項に定める経過的な取扱いに従って，時価算定会計基準適用指針が定める新たな会計方針を将来にわたって適用することとしています。この変更による当連結会計年度の連結財務諸表への影響はありません。なお，（金融商品関係）注記の金融商品の時価のレベルごとの内訳等に関する事項における投資信託に関する注記事項においては，時価算定会計基準適用指針第27－3項に従って，前連結会計年度に係るものについては記載していません。

2　ASC第842号「リース」の適用 …………………………………………………

　米国会計基準を適用している在外連結子会社において，ASC第842号「リース」（以下「ASC第842号」という。）を当連結会計年度より適用しています。これにより，借手のリース取引については，原則として全てのリースを貸借対照表に資産及び負債として計上しました。ASC第842号の適用にあたっては，経過措置として認められている本基準の適用による累積的影響額を適用開始日に認識する方法を採用しています。　この結果，当連結会計年度末において「有形固定資産」の「その他」が19,442百万円，「流動負債」の「リース債務」が3,576百万円，「固定負債」の「リース債務」が16,356百万円それぞれ増加しました。なお，当連結

会計年度の損益に与える影響は軽微です。

（表示方法の変更）
連結損益計算書関係
　前連結会計年度において，営業外収益の「その他」に含めていた「為替差益」は，当連結会計年度において「為替差損」となり，かつ，営業外費用の総額の100分の10を超えたため，当連結会計年度より独立掲記しています。なお，前連結会計年度の「為替差益」は796百万円です。
　また，前連結会計年度において，営業外費用の「その他」に含めていた「休止設備関連費用」は，営業外費用の総額の100分の10を超えたため，当連結会計年度より独立掲記しています。この表示方法の変更を反映させるため，前連結会計年度の連結財務諸表の組替えを行っています。この結果，前連結会計年度の連結損益計算書において，営業外費用の「その他」に表示していた8,614百万円を「休止設備関連費用」850百万円及び「その他」7,764百万円として組替えています。

2　財務諸表等

（1）　財務諸表 ···

①　貸借対照表

（単位：百万円）

		前連結会計年度 （2022年3月31日）			当連結会計年度 （2023年3月31日）	
資産の部						
流動資産						
現金及び預金	※2	244,641		※2	251,181	
受取手形、売掛金及び契約資産	※3	434,595		※3	442,692	
商品及び製品	※2	252,521			310,380	
仕掛品		146,120			162,255	
原材料及び貯蔵品		141,608			169,918	
その他	※6	117,195		※6	154,335	
貸倒引当金		△2,471			△2,567	
流動資産合計		1,334,209			1,488,195	
固定資産						
有形固定資産						
建物及び構築物	※2,※5	646,311		※5	663,642	
減価償却累計額		△333,966			△347,877	
建物及び構築物（純額）		312,344			315,765	
機械装置及び運搬具	※5	1,569,782		※2,※5	1,611,495	
減価償却累計額		△1,288,462			△1,313,694	
機械装置及び運搬具（純額）		281,320			297,801	
土地	※5	69,567		※5	69,232	
リース資産		8,679			12,017	
減価償却累計額		△6,814			△6,457	
リース資産（純額）		1,865			5,560	
建設仮勘定		102,284			120,299	
その他	※5	159,312		※5	188,994	
減価償却累計額		△121,477			△125,950	
その他（純額）		37,834			63,045	
有形固定資産合計		805,215			871,701	
無形固定資産						
のれん		431,335			368,089	
その他		405,508			368,695	
無形固定資産合計		836,843			736,784	
投資その他の資産						
投資有価証券	※1,※2	246,701		※1,※2	212,611	
長期貸付金		6,227			8,466	
長期前渡金	※6	30,432		※6	28,267	
退職給付に係る資産		1,193			25,836	
繰延税金資産		54,276			45,916	
その他		34,404			37,248	
貸倒引当金		△426			△498	
投資その他の資産合計		372,808			357,846	
固定資産合計		2,014,866			1,966,332	
資産合計		3,349,075			3,454,526	

	前事業年度 （2022年3月31日）		当事業年度 （2023年3月31日）	
負債の部				
流動負債				
支払手形		510		787
買掛金	※1	65,594	※1	68,661
短期借入金		131,500		96,500
コマーシャル・ペーパー		113,000		124,000
1年内償還予定の社債		—		40,000
1年内返済予定の長期借入金		71,129		52,491
関係会社短期借入金	※1	330,173	※1	303,863
リース債務		3		6
未払金	※1	40,167	※1	30,657
未払費用	※1、※3	39,418	※1、※3	39,787
未払法人税等		41,457		—
前受金	※1	3,261	※1	6,721
預り金	※1	4,818	※1	6,379
株式給付引当金		166		29
修繕引当金		4,738		8,410
固定資産撤去費用引当金		3,751		2,937
債務保証損失引当金		3,209		3,251
代行支払関係支払手形	※4	421	※1、※4	561
その他	※1	44,723	※1	36,627
流動負債合計		898,037		821,666
固定負債				
社債		160,000		170,000
長期借入金		248,441		407,354
リース債務		4		5
退職給付引当金		59,401		56,272
株式給付引当金		274		205
修繕引当金		1,978		511
固定資産撤去費用引当金		5,328		10,684
長期預り保証金		3,429		3,427
その他		636	※1	19,035
固定負債合計		479,491		667,493
負債合計		1,377,528		1,489,160

	前事業年度 （2022年3月31日）	当事業年度 （2023年3月31日）
純資産の部		
株主資本		
資本金	103,389	103,389
資本剰余金		
資本準備金	79,396	79,396
その他資本剰余金	0	0
資本剰余金合計	79,396	79,396
利益剰余金		
利益準備金	25,847	25,847
その他利益剰余金		
特別償却準備金	－	96
固定資産圧縮積立金	12,602	12,513
特定災害防止準備金	21	21
配当平均積立金	7,000	7,000
別途積立金	82,000	82,000
繰越利益剰余金	403,675	153,668
利益剰余金合計	531,145	281,145
自己株式	△6,218	△7,425
株主資本合計	707,711	456,505
評価・換算差額等		
その他有価証券評価差額金	64,465	50,199
繰延ヘッジ損益	△367	77
評価・換算差額等合計	64,098	50,275
純資産合計	771,809	506,780
負債純資産合計	2,149,337	1,995,939

② 損益計算書

	前事業年度 （自 2021年4月1日 至 2022年3月31日）		当事業年度 （自 2022年4月1日 至 2023年3月31日）	
売上高	※1	652,631	※1	713,961
売上原価	※1	509,609	※1	611,691
売上総利益		143,021		102,269
販売費及び一般管理費	※1, ※2	107,962	※1, ※2	113,343
営業利益又は営業損失（△）		35,059		△11,073
営業外収益				
受取利息及び配当金	※1	53,751	※1	60,794
その他	※1	1,884	※1	2,347
営業外収益合計		55,635		63,141
営業外費用				
支払利息	※1	2,808	※1	3,364
為替差損		1,145		3,492
休止設備関連費用	※1	491	※1	2,067
その他	※1	4,310	※1	4,202
営業外費用合計		8,754		13,126
経常利益		81,940		38,942
特別利益				
投資有価証券売却益		24,466		31,932
固定資産売却益	※1	265	※1	0
抱合せ株式消滅差益		—	※1	4,377
特別利益合計		24,731		36,309
特別損失				
投資有価証券評価損		490		436
関係会社株式評価損		5,984		257,780
固定資産処分損	※1, ※3	6,050	※1, ※3	10,129
減損損失		3,652		1,837
火災損失		—	※1, ※4	7,092
事業構造改善費用	※1	1,808	※1	2,620
現物配当に伴う交換損失	※1	11,759		—
特別損失合計		29,743		279,893
税引前当期純利益又は税引前当期純損失（△）		76,928		△204,643
法人税、住民税及び事業税		31,151		△3,698
法人税等調整額		△6,706		481
法人税等合計		24,445		△3,217
当期純利益又は当期純損失（△）		52,484		△201,425

前事業年度（自 2021年4月1日 至 2022年3月31日）

（単位：百万円）

	株主資本							
		資本剰余金			利益剰余金			
						その他利益剰余金		
	資本金	資本準備金	その他資本剰余金	資本剰余金合計	利益準備金	固定資産圧縮積立金	特定災害防止準備金	配当平均積立金
当期首残高	103,389	79,396	−	79,396	25,847	12,624	20	7,000
会計方針の変更による累積的影響額								
会計方針の変更を反映した当期首残高	103,389	79,396		79,396	25,847	12,624	20	7,000
当期変動額								
固定資産圧縮積立金の取崩						△22		
特定災害防止準備金の積立							1	
剰余金の配当								
当期純利益又は当期純損失（△）								
自己株式の取得								
自己株式の処分			0	0				
株主資本以外の項目の当期変動額（純額）								
当期変動額合計	−	−	0	0	−	△22	1	−
当期末残高	103,389	79,396	0	79,396	25,847	12,602	21	7,000

	株主資本				評価・換算差額等			純資産合計
	利益剰余金			自己株式	株主資本合計			
	その他利益剰余金		利益剰余金合計			その他有価証券評価差額金	繰延ヘッジ損益	評価・換算差額等合計	
	別途積立金	繰越利益剰余金							
当期首残高	82,000	398,079	525,569	△5,931	702,423	88,133	△244	87,889	790,312
会計方針の変更による累積的影響額		279	279		279				279
会計方針の変更を反映した当期首残高	82,000	398,358	525,848	△5,931	702,702	88,133	△244	87,889	790,590
当期変動額									
固定資産圧縮積立金の取崩		22	−		−				
特定災害防止準備金の積立		△1	−		−				
剰余金の配当		△47,187	△47,187		△47,187				△47,187
当期純利益又は当期純損失（△）		52,484	52,484		52,484				52,484
自己株式の取得				△412	△412				△412
自己株式の処分				125	125				125
株主資本以外の項目の当期変動額（純額）						△23,668	△123	△23,791	△23,791
当期変動額合計	−	5,317	5,296	△287	5,009	△23,668	△123	△23,791	△18,781
当期末残高	82,000	403,675	531,145	△6,218	707,711	64,465	△367	64,098	771,809

当事業年度（自　2022年4月1日　至　2023年3月31日）

（単位：百万円）

	株主資本								
		資本剰余金			利益剰余金				
							その他利益剰余金		
	資本金	資本準備金	その他資本剰余金	資本剰余金合計	利益準備金	特別償却準備金	固定資産圧縮積立金	特定災害防止準備金	配当平均積立金
当期首残高	103,389	79,396	0	79,396	25,847	—	12,602	21	7,000
当期変動額									
特別償却準備金の積立						96			
固定資産圧縮積立金の取崩							△89		
特定災害防止準備金の積立								1	
特定災害防止準備金の取崩								△1	
剰余金の配当									
当期純利益又は当期純損失（△）									
自己株式の取得									
自己株式の処分			0	0					
株主資本以外の項目の当期変動額（純額）									
当期変動額合計	—	—	0	0		96	△89	△0	—
当期末残高	103,389	79,396	0	79,396	25,847	96	12,513	21	7,000

	株主資本					評価・換算差額等			純資産合計
	利益剰余金			自己株式	株主資本合計	その他有価証券評価差額金	繰延ヘッジ損益	評価・換算差額等合計	
	その他利益剰余金		利益剰余金合計						
	別途積立金	繰越利益剰余金							
当期首残高	82,000	403,675	531,145	△6,218	707,711	64,465	△367	64,098	771,809
当期変動額									
特別償却準備金の積立		△96	—		—				—
固定資産圧縮積立金の取崩		89	—		—				—
特定災害防止準備金の積立		△1	—		—				—
特定災害防止準備金の取崩		1	—		—				—
剰余金の配当		△48,575	△48,575		△48,575				△48,575
当期純利益又は当期純損失（△）		△201,425	△201,425		△201,425				△201,425
自己株式の取得				△1,414	△1,414				△1,414
自己株式の処分				208	208				208
株主資本以外の項目の当期変動額（純額）						△14,266	443	△13,823	△13,823
当期変動額合計	—	△250,007	△250,000	△1,207	△251,207	△14,266	443	△13,823	△265,030
当期末残高	82,000	153,668	281,145	△7,425	456,505	50,199	77	50,275	506,780

【注記事項】

（重要な会計方針）

1 資産の評価基準及び評価方法 ……………………………………………

（1） 有価証券 ……………………………………………………………………

　子会社株式及び関連会社株式

　　移動平均法による原価法

　その他有価証券

　　市場価格のない株式等以外のもの

　　　時価法（評価差額は全部純資産直入法により処理し，売却原価は主として

　　　移動平均法により算定）

　　市場価格のない株式等

　　　移動平均法による原価法

（2） デリバティブ ………………………………………………………………

　時価法

（3） 棚卸資産 ……………………………………………………………………

　主として総平均法による原価法

　（貸借対照表価額は収益性の低下に基づく簿価切下げの方法により算定）

2 固定資産の減価償却の方法 ……………………………………………

（1） 有形固定資産（リース資産を除く） ……………………………………

　定額法

（2） 無形固定資産（リース資産を除く） ……………………………………

　ソフトウエア（自社利用）については，社内における利用可能期間（5年）に基

づく定額法

　その他の無形固定資産は定額法

（3） リース資産 ………………………………………………………………

　所有権移転外ファイナンス・リース取引に係るリース資産

　　リース期間を耐用年数とし，残存価額を零とする定額法

3　引当金の計上基準 ………………………………………………………

(1)　貸倒引当金 ………………………………………………………

　債権の貸倒れによる損失に備えるために，一般債権については貸倒実績率により，貸倒懸念債権等特定の債権については個別に回収可能性を勘案し，回収不能見込額を計上しています。

(2)　株式給付引当金 ………………………………………………

　株式交付規程に基づく取締役等への当社株式等の給付に備えるため，当事業年度末における株式給付債務の見込額に基づき計上しています。

(3)　修繕引当金 ………………………………………………………

　設備の修繕に伴う費用の支出に備えるため，その見込額のうち当事業年度末において発生していると認められる額を計上しています。

(4)　固定資産撤去費用引当金 …………………………………

　固定資産の撤去工事に伴う費用の支出に備えるため，その見込額を計上しています。

(5)　債務保証損失引当金 ………………………………………

　債務保証等に係る損失に備えるため，被保証先の財政状態等を勘案し，損失負担見込額を計上しています。

(6)　退職給付引当金 ………………………………………………

　従業員の退職給付に備えるため，当事業年度末における退職給付債務及び年金資産の見込額に基づき計上しています。

①　退職給付見込額の期間帰属方法

　退職給付債務の算定にあたり，退職給付見込額を当事業年度末までの期間に帰属させる方法については，給付算定式基準によっています。

②　数理計算上の差異及び過去勤務費用の費用処理方法

　数理計算上の差異は，その発生時の従業員の平均残存勤務期間以内の一定の年数（10年）による定額法によりそれぞれ発生の翌事業年度から費用処理しています。

　過去勤務費用は，その発生時の従業員の平均残存勤務期間以内の一定の年数（10年）による定額法により費用処理しています。

4　収益及び費用の計上基準 ···

　当社は，製品の製造及び販売を主な事業としています。製品の販売については，製品の引渡時点において顧客が当該製品に対する支配を獲得し，履行義務が充足されると判断していることから，顧客に引き渡された時点で収益を認識しています。ただし，出荷時から製品の支配が顧客に移転される時までの期間が通常の期間である国内販売については，出荷時点で収益を認識しています。

　収益は顧客との契約において約束された対価から，返品，値引き及び割戻し等を控除した著しい減額が生じない可能性が高い範囲内の金額で算定しています。

　なお，製品の販売契約における対価は，製品に対する支配が顧客に移転した時点から概ね1年以内に回収しており，重要な金融要素は含んでいません。

5　その他財務諸表作成のための基本となる重要な事項 ····························

（1）　外貨建の資産又は負債の本邦通貨への換算基準 ·······························

　外貨建金銭債権債務は，決算日の直物為替相場により円貨に換算し，換算差額は損益として処理しています。

（2）　繰延資産の処理方法 ···

　開発費は，支出時に全額費用計上しています。

（3）　ヘッジ会計の方法 ···

　繰延ヘッジ処理を採用しています。

　なお，金利スワップについては，特例処理の要件を満たしている場合は特例処理を採用しています。

（4）　退職給付に係る会計処理 ···

　退職給付に係る未認識数理計算上の差異及び未認識過去勤務費用の未処理額の会計処理の方法は，連結財務諸表におけるこれらの会計処理の方法と異なっています。

（5）　グループ通算制度の適用 ···

　グループ通算制度の適用を開始しています。

（重要な会計上の見積り）

Asahi Kasei Energy Storage Materials Inc.株式の評価

(1) 当事業年度の財務諸表に計上した金額 ······································

	当事業年度 （2023年3月31日）
Asahi Kasei Energy Storage Materials Inc.株式	28,984百万円 （関係会社株式評価損計上額 257,730百万円）

なお，Asahi Kasei Energy Storage Materials Inc.株式の金額には，Polypore International, LP株式取得額に加えて，同社買収後に複数回実施した増資金額が含まれています。

(2) 識別した項目に係る重要な会計上の見積りの内容に関する情報 ············

当社は，子会社株式及び関連会社株式について，移動平均法による原価法により評価しています。

当社は，2016年3月期に，当社の100％子会社である Asahi Kasei Energy Storage Materials Inc. を通じて，Polypore International, LP の株式の100％を取得しました。なお，Asahi Kasei Energy Storage Materials Inc.株式は市場価格のない株式であり，実質価額が著しく低下した場合には，回復可能性が十分な証拠により裏付けられる場合を除き，減損処理を行うことが求められます。

当社は，2023年3月8日開催の取締役会におけるセパレータ事業の事業運営方針の変更を踏まえて，Asahi Kasei Energy Storage Materials Inc.株式の実質価額に含まれている Polypore International, LP の株式取得時に見込んだ超過収益力の減少の有無や程度の検討を行い，その結果，実質価額が著しく低下した場合に該当したことから，帳簿価額の減額を行い，当事業年度の財務諸表において，257,730百万円の関係会社株式評価損を計上しました。

同取締役会において，当社は，セパレータ事業の今後の事業方針として，北米市場を中心に，リチウムイオン電池用湿式セパレータ「ハイポア」に経営資源を集中し，急成長する高容量電池を搭載した電気自動車（EV）等の環境対応車用電池市場に注力していく旨の事業運営方針の変更を行いました。事業運営方針の変更を受けた Polypore International, LP の今後の事業計画には，リン酸鉄リチウム（LFP）系の正極を使用したリチウムイオン電池や，ハイブリッド車向けリチウムイオン電池等の，EV用途とは異なる市場における販売戦略等が反映されている

一方，買収時に想定していたEV向けセパレータの拡大は困難な状況にあります。当社は，Asahi Kasei Energy Storage Materials Inc.株式の実質価額に含まれるPolypore International, LPの株式取得時に見込んだ超過収益力の減少の有無や程度の検討において，当該事業計画を考慮しました。

　環境対応車市場を主体としたバッテリーセパレータ事業の事業環境は大きく変化しており，事業計画に含まれる将来の売上予測や営業利益率等の会計上の見積りに使用された主要な仮定は，見積りの不確実性の程度が高く，前提とした状況が悪化すれば，実質価額が著しく低下することにより，回復可能性が十分な証拠により裏付けられる場合を除き，追加的な減損処理を行う可能性があります。

（会計方針の変更）
　時価の算定に関する会計基準の適用指針の適用
　「時価の算定に関する会計基準の適用指針」（企業会計基準適用指針第31号。以下「時価算定会計基準適用指針」という。）を当事業年度の期首から適用し，時価算定会計基準適用指針第27－2項に定める経過的な取扱いに従って，時価算定会計基準適用指針が定める新たな会計方針を将来にわたって適用することとしています。この変更による当事業年度の財務諸表への影響はありません。

（表示方法の変更）
　損益計算書関係
　前事業年度において，独立掲記していた営業外費用の「債務保証損失引当金繰入額」は，重要性が乏しくなったため，当事業年度より「その他」に含めて表示しています。この表示方法の変更を反映させるため，前事業年度の財務諸表の組替えを行っています。この結果，前事業年度の損益計算書において，営業外費用の「債務保証損失引当金繰入額」に表示していた1,278百万円を「その他」として組替えています。
　前事業年度において，営業外費用の「その他」に含めていた「休止設備関連費用」は，重要性が増したため，当事業年度より独立掲記することとしました。この表示方法の変更を反映させるため，前事業年度の財務諸表の組替えを行っています。

この結果，前事業年度の損益計算書において，営業外費用の「その他」に表示していた491百万円を「休止設備関連費用」として組替えています。

第**2**章

資源・素材業界の"今"を知ろう

企業の募集情報は手に入れた。しかし，それだけでは
まだ不十分。企業単位ではなく，業界全体を俯瞰する
視点は，面接などでもよく問われる重要ポイントだ。
この章では直近1年間の運輸業界を象徴する重大
ニュースをまとめるとともに，今後の展望について言
及している。また，章末には運輸業界における有名企
業（一部抜粋）のリストも記載してあるので，今後の就
職活動の参考にしてほしい。

▶▶社会を支える基盤づくり
資源・素材 業界の動向

> 「資源・素材」とは，エネルギーや製品の素材や原料など，経済活動を支えるものである。資源・素材には，電力，ガス，石油，化学，鉄鋼，非鉄金属，繊維，紙・パルプなどの業種がある。

❖ 電力・ガスの動向

　電力，ガスは，産業の発展，人々の生活を支えるインフラで，代表的な公益産業である。日本の電力業界の市場規模は20兆円，ガスは9兆円（都市ガス5兆円+LPガス4兆円）といわれている。

　電力業界では，長い間，東京電力，関西電力といった地域電力会社（一般電気事業者）10社が各地域ごとに発電，送配電，小売を1社でまとめて行う地域独占状態となっていた。これに市場競争を導入しようとする規制緩和の試みは，高コスト構造や内外価格差の是正を目的に，1990年代から繰り返し議論され，法改正なども行われてきた。しかし，最も大きな転機となったのは，2011年3月11日の東日本大震災である。原子力発電所の事故による計画停電の実施，電気料金の値上げなどにより，エネルギー政策への関心が一気に高まり，「電力システム改革」という大規模な規制撤廃へつながった。

　この改革の第一弾は，2015年4月，地域を越えて電気を融通しやすくし，災害時などに停電が起こらないようにする「広域系統運用の拡大」から始まった。第二弾は2016年4月，利用者が電力会社や料金メニューを自由に選択できる「電力小売の全面自由化」である。これによって，小売電気事業者の登録数は500社を超え，2018年2月の時点で，顧客の約9.5%が契約先を変更している。今後は，電力会社の送配電部門を別会社に分離することで，送配電ネットワークを公平に利用できるようにする計画が進められている。

　ガス業界でも，200社近くの企業がそれぞれの地域で販売を独占してきた都市ガス（一般ガス）について，2017年4月，ガス事業法が改正された。そ

れまでは，事業許可・料金規制の対象となってきた都市ガスの小口向け小売供給が全面自由化され，ライセンス制度の導入・ガス製造事業の導入なども合わせて行われることとなった。なお，2022年には導管事業が別会社に分離され，新規参入を含むすべての企業が公平に利用できるプラットフォームとなった。ただ，ガスでは保安検査というハードルがあるため，2023年時点の登録小売業者は76社で，異業種からの参入は限定的となっている。

2023年は電力，ガスともにコロナ禍による落ち込みからは回復したが，天然ガスや石炭価格が世界的に高騰し，電気・ガス料金が大幅に値上がりした。新電力会社にとっては死活問題となっており，業務縮小，もしくは撤退する企業がでてくると思われる。さらにはウクライナ危機も加わり，各社にさらなるダメージが加わる可能性が高い。

●市場開放により交錯する企業間連携，JERAの設立

小売自由化を受け，エリアを越えた事業展開，電力・ガスの相互参入など，新しい動きが表れている。2015年5月，九州電力は，東京ガス，出光興産と連携し，関東エリアに200万kW級の石炭火力を新設するため，千葉袖ヶ浦エナジーを設立した。これは，出光興産の燃料調達力，九州電力の発電所運転ノウハウ，東京ガスの関東圏での顧客基盤などのシナジーを狙ったものとされる。また，2016年4月には，関西電力と東京ガスが，LNGの調達や火力発電所の運営について提携を発表。その他にも，東京電力エナジーパートナーが日本瓦斯会社と，関西電力が岩谷産業と，東京ガスが神戸製鋼所と，東京ガスや大阪ガスがNTTファシリティーズと連携するなど，新たな事業分野への参入に当たって，他社とのアライアンスが進んでいる。

こういった動きのなかでとくに注目すべきはJERAの設立である。大規模な「電力システム改革」に柔軟に対応すべく，2015年4月，東京電力と中部電力が共同で株式会社JERAを設立した。JERAは，化石燃料（液化天然ガス・石炭）の調達から国内外の火力発電所の運営まで，一貫して担うことを目指している。両社の事業がJERAに統合されたことにより，JERAで調達するLNG（液化天然ガス）量は，年間約4,000万tと，世界最大規模となった。2019年4月には，両社の既存火力発電事業の統合。その出力は約7000万kWで，国内火力の半分を占める。JERAは，2019年から5年以内に，相乗効果を年1000億円以上にすることを目標に掲げており，世界で戦うグローバルなエネルギー企業を目指すJERAの成長戦略は，電力業界全体の

将来を左右する可能性もあり，目が離せない。

❖ 石油の動向

　資源の乏しい日本では，石油の自給率は1％に満たず，年間1億6000万キロリットルの原油を海外から輸入しており，原油価格の変動は，業績に大きな影響を与える。2022年はウクライナ危機により原油価格は高騰。利幅の増大により各社の利益が膨れ，最高益が相次いだ。

　2010年頃から始まった産油国による過剰供給により，石油価格は低迷していた。しかし2016年末に，OPECとロシアなどの主要産油国が減産に合意した結果，原油価格の下落に歯止めがかかった。2016年1月には，1バレル20ドル台まで暴落した原油価格は，2017年に入って50ドル台まで持ち直し，石油元売り各社は，黒字に回復した。その後，米国におけるシェールオイル生産が堅調に推移したことから，40ドル／バレル台に下落することもあったが，協調減産の効果から需給バランスが好転，需要超過が続き，2018年5月には70ドル／バレル台まで高騰した。2018年6月，過度の原油高による需要の冷え込みを懸念する声を受け，OPEC総会で実質増産が決まった。しかし，米国のイラン制裁の一環としてイラン産原油の輸入が一時停止になるなど，原油の需給バランスは不安定な状態が続いている。

●脱炭素の流れは本流となるか

　コロナ禍以前から世界は脱炭素の流れに進みつつある。欧米ではとくにその流れが強く，2019年に英国のシェルは電力への移行を明言していた。しかし，ウクライナ危機で世界情勢は一変。シェルは発言を事実上撤回することになった。

　世界的に見ると先進国では石油需要は減っているが，アフリカ，インドなどでは増加の傾向にある。世界ベースでの2021年の石油需要は，2019年6.6％増の1億300万バレルとなっている。各企業にはこれまで通りの石油事業と脱炭素の取組とをバランスよく進めることが求められている。

　石油関連企業は，石油単体の事業では立ち行かなくなる将来を見越して，合併などの企業編成によって建て直しを図っている。2017年4月，JXホールディングスと東燃ゼネラル石油が，JXTGホールディングスとして経営統合し，20年6月にはENEOSホールディングスに社名変更した。売上げは約

7.5兆円，国内ガソリン販売シェアは約50％と，圧倒的な規模を持つ企業が誕生したことになる。今後，精製設備やガソリンスタンドの統廃合といったコスト削減と共に，非鉄金属の開発や電力事業も手掛け，3年以内に1000億円の収益改善を目指している。また，出光興産と昭和シェル石油も経営統合を模索。出光創業家の反対により難航していたが，2018年7月に出光興産を昭和シェルの完全子会社にすることで合意。2019年4月に経営統合した。

❖ 鉄鋼の動向

　2022年の日本の年間粗鋼生産量は8,920万tと，前年を下回る結果となった。ウクライナ戦争によって減量価格が急騰。加えて中国の景気が悪化したことも影を落とす要因となった。世界規模で見ても，世界の鉄鋼生産量は2015年以来となる前年割れ。主要企業の大半が減益となった。

　そんな中，日本の日本製鉄は健闘を見せている。2023年3月期の連結純利益が過去最高を更新。値上げの浸透に加えて，製造設備の休止で固定費を削減できたことが功を奏した。

●鉄鋼業界にも再編の波

　鉄鋼各社は，老朽化した設備更新でコスト削減を推進しつつ，事業の多角化を進めることで生き残りを目指している。また，再編の動きも活発化している。事業の構造改革を図る新日鐵住金は，日新製鋼を2019年1月に完全子会社化し，同年4月には新日鐵住金本体と日新製鋼のステンレス鋼板事業を，新日鐵住金ステンレスへ移管，統合し，日本製鉄が誕生した。電炉鋼大手の合同製鉄も朝日工業を子会社化する方針を打ち出している。

　そのような状況下，2017年10月，業界3位の神戸製鋼所において，アルミ製部材の性能データ改ざんが発覚して，業界に衝撃が走った。その後，グループ9社で不正が発覚し，納入先はボーイングやエアバス，日産，トヨタなど500社に拡大し，日本工業規格（JIS）の認定取り消しにまで発展した。この問題を受けて，海外の大手製造業も相次いで調査を開始しており，日本ブランドの品質への信頼が揺らぐ事態となっている。今後，同社の動向によっては新たな業界再編の端緒となる可能性もある。

❖ 非鉄金属の動向

　非鉄金属とは，文字通り「鉄以外」の金属のことで，銅や錫，亜鉛などの「ベースメタル」，アルミニウムやマグネシウム，ナトリウムなどの「軽金属」，ニッケルやクロム，マンガンなど存在量が少なく技術的に抽出困難な「レアメタル」に分類される。非鉄金属は，自動車，電気・電子機器，住宅など生活に密着した需要が多い。

　近年，中国や新興国の経済成長を受けて，消費量は増加傾向にあり，業績も伸びていた。しかし，2015年，中国経済減速への懸念から資源価格が下落した。その後，価格は回復基調となったが，世界の非鉄消費の半分を占め，価格を左右する中国の需要には引き続き不透明感が残っている。

　日本の非鉄金属各社は，海外から銅や亜鉛などの鉱石を輸入し，製錬所で地金を生成する。原料となる鉱石の大半を輸入に頼っているため，為替やマージンが収益に大きく影響するという弱点があった。そこで製錬各社は，鉱石の安定調達のため，海外鉱山開発を進めてきた。2014年，JX日鉱日石金属と三井金属ほか日本企業が100％出資した，チリのカセロネス銅鉱山が本格稼動。2016年，住友金属鉱山は1140億円を投じて米モレンシー銅鉱山の権益を追加取得し，持ち分比率を25％とした。一方，鉱山の奥地化で開発費が増大しているため，各社は携帯電話などの電子スクラップからレアメタルを回収する，リサイクル事業にも力を入れている。

　新型コロナウイルスの感染拡大は中南米やアフリカなどにも及び，銅山開発の中断が相次いだ。今後も米中貿易摩擦などの動向が銅価格らの市況に影響する可能性がある。

❖ 化学の動向

　化学製品は，樹脂やゴム，合成繊維の総称で，石油や天然ガス由来の物質を原料として製造される。日常使っているプラスチックや洗剤，衣料などのほか，広く工業製品にも利用されている。

　化学業界には，石油由来のナフサをもとに基礎原料となるエチレンやプロピレンを生産する総合化学メーカーのほか，特定の機能材料を製造する中堅企業が多く存在する。新興国の経済成長により，石油化学製品の需要

が高まっていることから，好業績が続いている。しかし，為替変動や原油価格の高騰によるマージン縮小，2018年からは，米国でシェールガス由来のエチレン生産が本格稼動し，中国や中東でも生産能力が拡大しているため，日本勢は価格競争で不利になることも懸念される。そのため，大手各社は技術力で勝負できる機能素材・材料に着目。成長が見込まれる自動車の軽量素材や，ハイブリッド車・電気自動車に搭載されるリチウム電池，スマートフォン向けの有機ELなどを重点分野に位置づけ，積極的な設備投資を進めている。

　2017年にダウ・ケミカルとデュポンが統合し，ダウ・デュポンが誕生した。こういった海外の動きに連動し，国内でも，高機能材での高い収益性を目指して，組織再編が進んでいる。2017年4月，三菱ケミカルホールディングスは，傘下の化学系3社を合併し，新たなスタートを切った。新会社の売上高は3兆7244億円，従業員数は6万9000人超で，圧倒的な最大手となる。石油化学基礎品から半導体やリチウム電池まで手掛ける「三菱化学」と，高機能フィルムが主力の「三菱樹脂」，炭素繊維が強みの「三菱レイヨン」が統合することで，3社が培ってきた技術を融合し，スピード感とクオリティが求められる市場に対応していくことになる。

　2022年度は化学業界にとっては逆風の1年となってしまった。原油価格高騰に伴うコスト高により世界的に景気が冷え込み，家電や建築などの需要が大きく縮んだ。結果，石油基礎製品の需要も大きく落ち込んだ。

❖ 繊維の動向

　新興国の経済成長，人口増による消費拡大などを背景に，世界の繊維需要，生産量は伸びている。明治以降，日本の経済発展を支えてきた繊維産業だが，現在は中国が圧倒的なシェアを占める。化学繊維生産の7割が中国で，日本はわずか1％程度である。しかし，衣料用繊維では主役の座を下りても，独自の技術を活かした商材で，日本企業はグローバルに強みを示している。衣料分野では，吸水速乾性繊維やストレッチ繊維，産業用として不燃布や人工皮革，高強度ナイロン繊維などがある。ユニクロと「ヒートテック」を共同開発した東レは，メキシコでエアバッグ工場を設立し，2018年1月に稼動を開始した。帝人グループも，同時期に中国でエアバッグの生産能力を増強する。東洋紡も，2017年1月，タイにエアバッグ用基布の新会社を

設立し，総額100億円の投資を行うと発表している。また，紙おむつなど衛生材料に用いられる不織布の需要も急増しており，東レが滋賀県に新たな開発設備を導入するなど，各社の投資が続いている。

　数ある高機能繊維のなかで，日本が他国に先導しているのが，炭素繊維である。アクリル繊維を炭化した炭素繊維は，重さが鉄の4分の1で強度は10倍と，鉄よりも軽くて強く，耐腐食性にも優れているため，多くの分野で需要が拡大している。炭素繊維は，先頭に立って市場を開拓してきた東レが世界シェアの約4割を占め，帝人，三菱ケミカルの3社で，世界生産の7割を握っている。3社は，航空機や自動車向け炭素繊維を成長分野と位置づけ，今後も力を注いでいく方針としている。この流れから，三菱ケミカルは欧米市場での炭素繊維事業の拡大を目的とし，2017年にイタリアの炭素繊維強化プラスチックの自動車部品メーカーであるC.P.Cの株式の44％を取得。自動車の軽量化に向け炭素繊維部品を積極的に売り込んでいく。また，東レも炭素繊維複合材料事業を強化するため，2018年3月，樹脂に精通した複合材料メーカーであるオランダのテンカーテ・アドバンスト・コンポジット社（TCAC）を買収すると発表，同年7月に全株式の取得を完了した。

資源・素材業界

直近の業界各社の関連ニュースを ななめ読みしておこう。

日トルコ、再エネで協議会創設へ　ウクライナ支援も協力

西村康稔経済産業相は5日、トルコのバイラクタル・エネルギー天然資源相と会談した。太陽光といった再生可能エネルギーの開発案件などで協力する官民協議会「日トルコエネルギーフォーラム」の創設で合意した。ボラット商務相とはウクライナの復興支援で連携を強化する方針を確認した。

ボラット氏との会談では東京電力福島第1原子力発電所の処理水の海洋放出について説明した。西村氏によると、ボラット氏からは日本の取り組みは科学的根拠に基づくもので支持するとの発言があった。

新しく立ち上げる官民協議会では再生エネや水素、天然ガスなどにかかわる民間案件の創出を目指す。両国から商社やエネルギー会社の参加を見込む。来年にも初回会合を開く方針だ。

西村氏は協議会の創設について「大きな協力の一歩を踏み出すことができた」と語った。重要鉱物でもアフリカといった第三国での協力を模索することで一致したと明かした。

ボラット氏との共同声明にはロシアが侵攻を続けるウクライナの復興支援を両国が協力して進めることを盛り込んだ。インフラや建設資材にかかわる両国企業を念頭に、第三国での民間協力を後押しする。

交渉中の経済連携協定（EPA）は早期の交渉再開と妥結を目指す。日本とトルコは14年に交渉を始めたが、一部の品目を巡って議論が停滞した。交渉会合は19年以降開催されていない。

ボラット氏は「日本とトルコの関係は近年、同盟と言えるほどのレベルまで発展した」と述べた。EPAについては「二国間貿易の均衡が取れた発展に資するような形で交渉が妥結することを望んでいる」とした。トルコは慢性的な貿易赤字を問題視している。

日本とトルコは24年に外交関係の樹立から100年を迎える。経産相や外相も

交えた日トルコの閣僚会議を来年の早期に東京で開くことも確認した。

（2023年9月5日　日本経済新聞）

日本とサウジアラビア、レアアース開発で共同投資合意へ

日本とサウジアラビア両政府は脱炭素に欠かせないレアアース（希土類）鉱山開発の共同投資で合意する見通しとなった。岸田文雄首相とサウジの首相を務めるムハンマド皇太子が16日の会談で確認する。

日本は重要鉱物を巡って中国など一部の国への依存度を下げ、経済安全保障の強化につなげる。経済産業省とエネルギー・金属鉱物資源機構（JOGMEC）、サウジの産業鉱物資源省の3者が近く重要鉱物に関する協力覚書（MOC）を結ぶ。協力の柱として第三国での鉱物資源の開発で両国による共同投資を検討する。脱炭素で需要が高まる電気自動車（EV）向けのレアアースなどを念頭に、重要鉱物の権益確保を急ぐ。

サウジは国家戦略の一つで国内でのレアアース鉱山の探索を掲げており、日本がこれに協力する。鉱山探査の知見があるJOGMECがサウジの初期調査を技術的に支援する。銅や鉄、亜鉛といったすでに国内で採れる資源の開発強化も後押しする。

現在、レアアースやEV用電池に使うリチウムやコバルトなどの供給元は中国などに集中する。脱炭素の流れは世界的に強まっている。日本とサウジの双方ともに関連鉱物の調達網を多様にし、特定の国への依存度を下げていきたいとの思惑がある。

日本は水酸化リチウムの調達の8割弱を中国に頼り、コバルトを精製するプロセスも6割超を中国に依存する。中国は2010年の沖縄県・尖閣諸島沖での中国漁船衝突事件を受けてレアアースの対日輸出を規制し、日本が供給確保に追われた経緯がある。

首相は16日から18日までサウジアラビア、アラブ首長国連邦（UAE）、カタールの3カ国を訪れる。各国の首脳との会談ではエネルギー分野などでの協力を確認する。

（2023年7月15日　日本経済新聞）

洋上風力30年に7倍に、G7環境相会合　声明に明記へ

主要7カ国（G7）は気候・エネルギー・環境相会合の共同声明に再生可能エネルギーの導入目標を明記する方向で調整に入った。洋上風力発電は2030年までに7カ国合計で1.5億キロワットに引き上げる。21年実績の約7倍で、ウクライナ危機を受けて導入スピードを加速する。

太陽光は10億キロワットと、3倍強にする。曲げられるため建物の壁面にも貼れる「ペロブスカイト太陽電池」や、浮体式の洋上風力発電などの開発・実用化を進めるといった具体策も声明に記す。

大きな争点となっている石炭火力発電所を巡っては欧州が廃止時期の明記を求めている。共同声明案では「1.5度目標に整合する」と記述する方向で調整を進めている。15日から札幌市で開く閣僚級会合で詰めの議論に入る。

議長国の日本は30年時点で発電量の19%を石炭火力に頼る計画を持ち、年限の明示には難色を示している。温暖化対策の国際枠組み「パリ協定」で掲げる産業革命前からの気温上昇を1.5度以内にする目標と整合性をとるとの表現で妥協案を示した形だ。

天然ガスの生産設備への投資を許容する考え方を共同声明に盛り込むことでも合意する見通しだ。22年までの声明では一致できず、明記していなかった。石炭火力よりは少ないがガス火力も二酸化炭素（CO_2）を排出するためガス生産に慎重な見方があったためだ。

ウクライナ危機による資源価格の高騰などでG7がまとまった格好だ。今後も新興国は経済成長に伴いエネルギー需要が拡大するとみられる。ガス投資が乏しいと供給不足となる懸念がある。

ガスを安定供給することが、南半球を中心とした新興・途上国「グローバルサウス」の成長と脱炭素化の両立につながると判断した。天然ガスへの投資は国際的な気候変動目標の達成を遅らせるとの指摘もある。

電気自動車（EV）の電池などに欠かせない重要鉱物の安定供給に向けた行動計画もまとめる。G7として1兆円超を財政支出し、鉱山の共同開発や使用済み製品から鉱物を回収・再利用する取り組みなどを推進することを確認する。

（2023年4月15日　日本経済新聞）

フッ化物イオン電池、蓄電容量10倍に　実用化へ日本先行

リチウムイオン電池に比べて容量が10倍にもなる可能性があると「フッ化物イオン電池」が期待を集める。京都大学や九州大学、トヨタ自動車、日産自動車など25者が参加する国のプロジェクトでは、電気自動車（EV）への搭載を目指す。

「フッ化物イオン電池の正極材料にフッ化鉄が適する可能性を実証した」。2022年12月にエネルギー関連の学術誌に掲載された九大などの論文が注目を集めた。安価なフッ化鉄で、正極材料の充放電につながる化学反応を確かめた。安く安全な蓄電池の実現に向けた大事な一歩だ。

フッ化物イオン電池はフッ素を電気エネルギーの運び手とする新たな蓄電池だ。既存のEVのリチウムイオン電池は重量1キログラムあたり200〜250ワット時という容量だが、フッ化物イオン電池は材料を工夫すれば2500ワット時以上にできる可能性があるという。

九大などの成果は新エネルギー・産業技術総合開発機構（NEDO）のプロジェクト「RISING3」で生まれた。トヨタや日産、本田技術研究所のほか、パナソニックホールディングス（HD）傘下のパナソニックエナジーやダイキン工業、立命館大学などが参画する。

RISINGは革新電池の開発を目指すプロジェクトで09年から1期目が始まった。硫化物電池などの開発が進み、各社が事業化を考える段階になった。21〜25年度の3期目ではフッ化物イオン電池と亜鉛負極電池を対象に選んだ。

プロジェクトリーダーを務める京大の安部武志教授は「エネルギー密度が高いだけでなく、コストや資源リスクの観点も重視した」と話す。フッ化物イオン電池では、重量1キログラムあたり500ワット時以上というリチウムイオン電池の約2倍の容量の試作を目指す。

課題はフッ化物イオンと相性のいい電極材料と電解質の探索だ。十分に反応しなければ電池の潜在能力を発揮できない。リチウムイオン電池で使うレアメタル（希少金属）に代わり、豊富な銅やアルミニウムも電極材料の候補になる。動作温度の高さも課題だ。実用化は35年以降ともいわれる。

EV用の蓄電池に求められる性能は高い。小型で軽く、容量や出力が高く、寿命が長いのが理想だ。「フッ化物イオン電池は安全で安価、走行距離の長い次世代電池の最有力候補だ」（安部教授）

調査会社の矢野経済研究所（東京・中野）によると、世界の車載用リチウムイ

オン電池の市場規模は30年に21年比で約3倍に拡大する見通しだ。すべてのEVにリチウムイオン電池を使えば資源が不足する恐れもある。

現状では日本勢は研究開発で先行している。ただ、リチウムイオン電池のように将来、海外勢に量産規模などで圧倒される可能性はある。産官学を挙げて、量産までの流れをつくる必要がある。

（2023年3月17日　日本経済新聞）

海外の地熱発電に出資へ　経産省、国内開発へ技術蓄積

経済産業省は2023年度から海外の地熱発電事業への出資を始める。日本は適地の多くが国立・国定公園内にあり、開発が進んでいない。国際協力を通じて技術やノウハウを蓄える。国内の規制緩和もにらみながら脱炭素の有望技術として広く活用する下地を整える。

海外の探査事業に参画する試掘会社に独立行政法人のエネルギー・金属鉱物資源機構（JOGMEC）を通じて資金を出す。INPEXが既存の地熱発電所の拡張や新たな地質調査を検討するインドネシアやニュージーランドなどが候補となる。関連経費として23年度予算案に6.3億円を計上している。

地熱は再生可能エネルギーの一種。太陽光や風力と違って天候に左右されずに安定して発電できる。経産省によると、日本の関連資源量は原子力発電所23基分にあたる2300万キロワットと、米国とインドネシアに次いで世界で3番目に多い。

現状では十分に活用できておらず、発電設備量は60万キロワットで世界10位にとどまる。国内全体の発電量に占める割合は0.3%しかない。

今後、国内で普及を進めるには技術と規制それぞれの課題がある。技術面は例えば、インドネシアが設備の腐食リスクを高める酸性熱水を避ける研究開発で先行する。海外への出資を通じてノウハウを学ぶ。

規制については環境省が21年、国立・国定公園の一部地域での地熱開発を「原則認めない」とする通知の記載を削除した。実際には植物の復元が難しかったり景観を損ねたりする場合は発電所の立地はなお難しい。温泉への影響を懸念する地元の理解も必要になる。

（2023年2月26日　日本経済新聞）

水素・アンモニア課を新設　経産省、GXへ組織改編

経済産業省は2023年夏をめどに資源エネルギー庁に水素・アンモニア課を新設する方針だ。石油や天然ガスの安定確保を担う石油・天然ガス課を燃料資源開発課に変更する。非化石燃料も含めた資源確保や供給網の整備に取り組む。グリーントランスフォーメーション（GX）に向けた組織改編とする。

22日に開いた総合資源エネルギー調査会（経産相の諮問機関）資源・燃料分科会で改編案を示した。いずれも仮称で、関係法令を改正して正式に決める。

水素・アンモニア課は省エネルギー・新エネルギー部に設ける。水素とアンモニアは燃やしても二酸化炭素（CO_2）が出ない。石炭や天然ガスに混ぜるなどして使えばCO_2の排出を減らせる。ガソリンなどと異なり水素の供給網は整備が進んでいないため、新組織が様々な支援策や需要拡大政策を展開する。

資源・燃料部の燃料資源開発課は従来の石油・天然ガスに加え、水素やアンモニアといった非化石燃料も含めて海外からの安定調達に取り組む。上流と呼ばれる開発や生産を担う国や地域、企業と連携する。

現状では水素とアンモニアは化石燃料を原料にしてつくることが多く、生産過程でCO_2が出る課題がある。再生可能エネルギーで生産すればCO_2はゼロにできる。再生エネの導入量の多い国や地域でつくった水素やアンモニアの活用に向け、新しい資源外交も新組織で推進する。

同部の石油精製備蓄課と石油流通課は燃料基盤課に再編する。石油の名称を省き、水素とCO_2を合成した液体燃料なども所管する。

（2023年2月22日　日本経済新聞）

事業用太陽光、屋根置き促進へ　住民説明など認定条件に

経済産業省は31日、再生可能エネルギーの普及を後押しする固定価格買い取り制度（FIT）に2024年度から新しい区分を設けると明らかにした。企業が工場や倉庫の屋根に置いた太陽光発電パネルでつくる電気を1キロワット時あたり12円で買い取る。足元の電気代が高騰する中、平地より2～3割ほど高くして企業の導入意欲を高める。

調達価格等算定委員会が24年度の買い取り価格をまとめた。FITは企業や家庭が発電した再生エネの電気を電力会社が10～20年間、固定価格で買い取

る仕組み。東日本大震災後の12年度に導入した。家庭や企業が電気代に上乗せして支払う賦課金が原資になっている。

12円で買い取る屋根置きは出力10キロワット以上の事業用太陽光が対象となる。平地などに置く場合は10キロワット以上50キロワット未満で10円、50キロワット以上250キロワット未満で9.2円に設定する。屋根置きについては23年10月以降の認可分にも遡及して適用する。24年度から適用すると企業が投資を先送りする可能性があるためだ。

経産省は30年度の温暖化ガス排出削減目標の達成に向けて、屋根が広い物流倉庫などに導入余地があるとみる。足場設置や耐震補強などの建設コストがかさむため価格差をつける。

買い取り価格の引き上げは賦課金の上昇圧力になるが、全体で見ればわずかで、経産省は「国民負担に直結するような上昇は見込まれない」と説明する。再生エネの導入量が増えれば、化石燃料の輸入は減る。資源価格が高止まりする場合、電気代全体では消費者の負担を軽減する効果がでる可能性もある。

ロシアによるウクライナ侵攻などによる燃料価格の高騰で足元の電気代は高い。電力を多く消費する企業が太陽光を導入すれば自家消費できる利点がある。固定価格で売電できるため設置にも踏み切りやすい。

国内で太陽光パネルを設置できる適地は減っている。山間部に設置するケースが増えたことで景観や防災を巡る住民トラブルも少なくない。

経産省は事業者に対して、森林法や盛土規制法などの関係法令に基づく許認可を取得することをFITの申請要件にする方針だ。省令改正で対応する。法令違反した事業者に対しFIT交付金を早期に停止できるよう再エネ特措法の改正案を通常国会に提出する。

地域住民の理解を得るため、住民説明会などで事業内容を事前に通知することをFIT認定の条件にする。30年代半ば以降に大量廃棄が見込まれる使用済みパネルの処分やリサイクルを巡り、パネルに含まれる物質の表示をFIT認定の義務とするよう省令改正する。

（2023年1月31日　日本経済新聞）

サウジ原油調整金下げ、1年3カ月ぶり低水準　2月積み

サウジアラビア国営石油のサウジアラムコは、2月積みのアジア向け原油の調整金を引き下げる。代表油種の「アラビアンライト」は1月積みから1.45ドル

低い1バレルあたり1.80ドルの割り増しと、2021年11月以来1年3カ月ぶりの低水準となった。中国の新型コロナウイルス感染拡大に伴う足元の原油需要の鈍さなどを映した。

日本の石油会社がサウジと結ぶ長期契約の価格は、ドバイ原油とオマーン原油の月間平均価格を指標とし、油種ごとに調整金を加減して決まる。

2月は5油種全てで調整金が引き下げとなった。引き下げ幅が最も大きかったのは軽質の「エキストラライト」で、1月積みに比べて2.90ドル引き下げ1バレルあたり3.55ドルの割り増しとした。同じく軽質の「スーパーライト」も同2.40ドル引き下げ4.95ドルの割り増しとなった。石油化学品に使うナフサの需要低迷が響いたもようだ。

重質の「アラビアンヘビー」は1月積みに比べて1.00ドル引き下げ2.25ドルの割り引きとなり、2カ月連続で割り引きが適用となった。

中国では新型コロナを封じ込める「ゼロコロナ」政策が事実上終わり、今後は経済再開に伴って原油需要が徐々に回復すると見込まれている。一方で「急激な方針転換は足元の感染急拡大も招いており、需要回復が遅れる可能性もある」（エネルギー・金属鉱物資源機構＝JOGMEC＝の野神隆之首席エコノミスト）。

アジア市場の競合激化も影響した。欧州連合（EU）は22年12月からロシア産原油の禁輸に踏み切った。ロシアは買い手が減った分、中国やインドなどに割引き販売を余儀なくされている。割安なロシア産のアジア市場への流入で、中東産の需要が圧迫されている面もあるとみられる。

（2023年1月11日　日本経済新聞）

現職者・退職者が語る 資源・素材業界の口コミ

※編集部に寄せられた情報を基に作成

▶ 労働環境

職種：経営企画　　年齢・性別：30代後半・男性

・30代半ばまではほぼ年功序列で賞与も横並びです。
・昇進に差がつきにくいので，同期の間も和気あいあいとしています。
・実質的な最初の選別は，30代後半で課長級（管理職）に昇格する時。
・課長級昇格後に，将来の幹部となる人材を選抜しているようです。

職種：社内SE　　年齢・性別：20代後半・男性

・人と人との関わり方が丁寧で，とても雰囲気の良い会社です。
・有給休暇が取得しやすく，無理な残業が続くこともありません。
・勤続年数がある程度行くと，長期の休暇を取ることができます。
・長期休暇で海外旅行に出かけている人もいます。

職種：ネイリスト　　年齢・性別：20代後半・女性

・風通しの良い職場で，仲間を大切にする雰囲気です。
・定期的に上司に悩みなどを相談出来る機会が設けられています。
・指導は厳しい事もありましたが，後で必ずフォローしてくれます。
・モチベーションが下がらないよう，皆で励ましあえる環境です。

職種：法人営業　　年齢・性別：30代後半・男性

・外部資格や社内資格の取得，通信教育の受講等が昇進には必要です。
・業務に直接関係のない資格もありますが，視野を広げる効果も。
・受講費用の補助もあるので，積極的に挑戦してみると良いでしょう。
・部署によっては，全く受講する時間が取れないこともありますが。

▶福利厚生

職種：機械関連職　　年齢・性別：20代後半・男性

・福利厚生は基本的なものは揃っており，細かな補助等もあります。
・社内の研修センターやeラーニングなど，学習環境も整っています。
・自主的にキャリアアップを目指したい人には良い環境だと思います。
・休暇取得は部署にもよりますが，ほぼ取得できていると思います。

職種：技能工（その他）　　年齢・性別：50代前半・男性

・有給休暇が貯められるのは最大40日まで。
・年齢制限がありますが，男女共に独身寮や社宅があります。
・育児休暇制度やボランティア活動などのための休暇制度もあります。
・勤続10年目，30年目に旅行補助金と連続休暇がもらえます。

職種：一般事務　　年齢・性別：20代後半・女性

・住宅補助，産休制度も整っており，福利厚生は充実しています。
・サービス残業や休日出勤もなく有給休暇も取りやすいと思います。
・残業は基本的にあまりありませんが残業代はきちんと支払われます。
・組合企画のイベントなどもあり，風通しはいい環境だと思います。

職種：海外営業　　年齢・性別：30代後半・男性

・30代半ばから裁量労働になり，残業代ではなく定額の手当が出ます。
・社宅は充実していて，都内に新築の社宅が幾つかあり快適です。
・勤務時間は部署によりますが，それほど忙しくはありません。
・社内公募制は年に一回応募でき，異動は基本的に3〜5年ごとです。

▶仕事のやりがい

職種：スーパーバイザー　　年齢・性別：20代後半・女性

- 女性社会ですが，風通しは良く社風は非常に良いです。
- 先輩方から商品の奥深さや接客の奥深さを教えていただけます。
- 下着から世の女性を美しくという目標を掲げ，日々奮闘しています。
- 世間の女性から信頼を得ている商品に携われ，やりがいを感じます。

職種：法人営業　　年齢・性別：20代後半・男性

- 世の中のエネルギーを支える，やりがいのある仕事だと思います。
- 人々の生活に不可欠なものを扱う使命感を実感できます。
- 日々，専門性を高めることができる環境に恵まれています。
- 社風はとても明るい人が多いので過ごしやすいと思います。

職種：法人営業　　年齢・性別：30代後半・男性

- 経験を積めば大きな額が動く仕事を任せてもらえるようになります。
- やりがいを感じるのは，お客様から感謝のお言葉をいただいた時。
- スキル不足でもやる気と熱意で希望部門に異動した社員もいます。
- 社内や事業部内でイベントが企画され，横の風通しも良いです。

職種：生産技術（機械）　　年齢・性別：50代前半・男性

- 若い時から，グローバルな大きな仕事を任せて貰えること。
- 新商品の企画から販売まで一貫して見られる面白みもあります。
- 社員一人一人と上司が半期ごとに面接をし，達成度など確認します。
- 本人のやる気と実力次第で，どんどん成長できる環境だと思います。

▶ブラック？ホワイト？

職種：生産管理・品質管理(機械)　　年齢・性別：20代後半・男性

・エネルギーのリーディングカンパニーとしての力強さは皆無かと。
・全社的に地味ですし，悪い意味で波風立てない保守的な社風です。
・コスト低減にも積極的ではなく，社内政治的な仕事が多いです。
・お客様のお役に立っている仕事ができていないと感じてしまいます。

職種：電気・電子関連職　　年齢・性別：30代後半・男性

・残業代はでるが，経費削減という名目で残業時間にはうるさいです。
・インフラ企業なので，頑張りで評価されるわけでもありません。
・上司の好き嫌いといった，個人的な評価で給料が増減する世界です。
・頑張って上司を持ち上げ続ければ評価される日も近づくのかも。

職種：電気・電子関連職　　年齢・性別：30代後半・男性

・学閥が存在し，越えられない壁というのができています。
・日本の昔ながらの安定した大企業の体質そのままです。
・仕事ができる人ほどやりがいのなさで悩むことになるようです。
・割り切って，企業のブランドイメージに頼るならば安泰かと。

職種：財務　　年齢・性別：20代後半・男性

・総合職の場合，深夜残業や休日出勤が年間を通して頻繁にあります。
・研修や教育に熱心ですが，平常業務に上積みとなり負担は増えます。
・使命感を持ち全身全霊で仕事に取り組む人には良い職場でしょう。
・事務系の場合は転勤も多いので，生活設計が難しくなることも。

▶女性の働きやすさ

職種：販売スタッフ　　　年齢・性別：20代後半・女性

・年代関係なく女性は働きやすく，多くの女性が活躍しています。
・育児休暇や生理休暇もあって，取得もしやすいと思います。
・乳がん検診や，子宮がん検診など，健康診断も充実しています。
・仕事柄，美意識が高くなるのか，社内の方は皆さん綺麗です。

職種：事務関連職　　年齢・性別：20代後半・男性

・人事異動や職場環境を含め女性への配慮は一層充実してきています。
・既婚者は自宅近くの支店への異動や，夫の転勤先に応じることも。
・新しい取り組みを通じて，女性社員の長期雇用を目指しています。
・もともと女性には働きやすい職場でしたが，更に良くなった印象。

職種：MR・MS　　　年齢・性別：20代後半・女性

・女性が育児のために時短勤務ができるような環境ではないです。
・育休後職場復帰して仕事と育児を両立させるのは難しいかと。
・女性の労働環境を向上させつつありますが，道半ばという感じです。
・出産や育児を考えなければ，男女で出世に差はないと思います。

職種：総務　　年齢・性別：30代前半・女性

・出産，育児休暇はきちんと取得させてもらえました。
・結婚後も働いている女性のほとんどが，休暇を取得しています。
・産休中は給与も会社から支給されます。（育休中は別）
・出産後も大変な思いをすることなく，元の仕事に復帰できます。

▶今後の展望

職種：法人営業　　年齢・性別：20代後半・男性

・まだまだ女性の管理職の割合は少ないのが現状です。
・育休など取りやすいため，最近では復帰する女性も増えています。
・総合職の場合，転勤が多いため既婚者が続けにくいのがネックです。
・社会環境の変化に伴い，今後女性管理職も増やす方針のようです。

職種：法人営業　　年齢・性別：30代後半・男性

・震災後電力会社が向かい風の中，自社へは追い風が吹いています。
・電力市場の完全自由化の流れの中，市場への参入も果たしました。
・現在は規模で上回る電力会社も飲み込もうとする勢いだと思います。
・人材確保や人材育成にも力を入れており，将来性は十分です。

職種：購買・資材　　年齢・性別：30代後半・男性

・女性も管理職を目指せると思いますが，まだ見たことがありません。
・そもそも総合職の女性が少なく，勤続する女性も少ないためかと。
・ダイバーシティやワークライフバランスに会社も注力しています。
・女性総合職，管理職を今後増やしていく方針のようです。

職種：マーケティング・企画系管理職　　年齢・性別：30代後半・男性

・女性管理職を増やしていく方針を打ち出しています。
・実際に年次的に男性社員よりも早く課長に登用された人もいます。
・出産・育児休暇を取ることに対するネガティブな反応はありません。
・マネジメントレベルを目指す女性には良い会社になりつつあります。

資源・素材業界　国内企業リスト（一部抜粋）

区別	会社名	本社住所
ガラス・土石製品	日東紡績	東京都千代田区九段北 4-1-28
	旭硝子	東京都千代田区丸の内一丁目 5 番 1 号
	日本板硝子	大阪市中央区北浜 4 丁目 5 番 33 号
	石塚硝子	愛知県岩倉市川井町 1880 番地
	日本山村硝子	兵庫県尼崎市西向島町 15 番 1 号
	日本電気硝子	滋賀県大津市晴嵐二丁目 7 番 1 号
	オハラ	神奈川県相模原市中央区小山一丁目 15 番 30 号
	住友大阪セメント	東京都千代田区六番町 6 番地 28
	太平洋セメント	東京都港区台場 2-3-5 台場ガーデンシティビル
	デイ・シイ	神奈川県川崎市川崎区東田町 8 番地
	日本ヒューム	東京都港区新橋 5-33-11
	日本コンクリート工業	東京都港区港南 1 丁目 8 番 27 号　日新ビル
	三谷セキサン	福井県福井市豊島 1 丁目 3 番 1 号
	ジャパンパイル	東京都中央区日本橋浜町 2 丁目 1 番 1 号
	東海カーボン	東京都港区北青山 1-2-3
	日本カーボン	東京都中央区八丁堀 2-6-1
	東洋炭素	大阪市北区梅田 3-3-10 梅田ダイビル 10 階
	ノリタケカンパニーリミテド	愛知県名古屋市西区則武新町三丁目 1 番 36 号
	TOTO	福岡県北九州市小倉北区中島 2-1-1
	日本碍子	愛知県名古屋市瑞穂区須田町 2 番 56 号
	日本特殊陶業	名古屋市瑞穂区高辻町 14-18
	ダントーホールディングス	大阪府大阪市北区梅田三丁目 3 番 10 号
	MARUWA	愛知県尾張旭市南本地ヶ原町 3-83
	品川リフラクトリーズ	東京都千代田区大手町 2 丁目 2 番 1 号 新大手町ビル 8F
	黒崎播磨	福岡県北九州市八幡西区東浜町 1 番 1 号
	ヨータイ	大阪府貝塚市二色中町 8 番 1 号
	イソライト工業	大阪府大阪市北区中之島 3 丁目 3 番 23 号
	東京窯業	東京都港区港南 2-16-2 太陽生命品川ビル 10F

区別	会社名	本社住所
ガラス・土石製品	ニッカトー	大阪府堺市堺区遠里小野町 3-2-24
	フジミインコーポレーテッド	愛知県清須市西枇杷島町地領二丁目 1 番地 1
	エーアンドエーマテリアル	横浜市鶴見区鶴見中央 2 丁目 5 番 5 号
	ニチアス	東京都港区芝大門一丁目 1 番 26 号
	ニチハ	愛知県名古屋市中区錦二丁目 18 番 19 号 三井住友銀行名古屋ビル
ゴム製品	横浜ゴム	東京都港区新橋五丁目 36 番 11 号
	東洋ゴム工業	大阪府大阪市西区江戸堀一丁目 17 番 18 号
	ブリヂストン	東京都中央区京橋一丁目 10 番 1 号
	住友ゴム工業	神戸市中央区脇浜町 3 丁目 6 番 9 号
	藤倉ゴム工業	東京都江東区有明 3-5-7
	オカモト	東京都文京区本郷 3 丁目 27 番 12 号
	フコク	埼玉県さいたま市中央区新都心 11-2 ランドアクシスタワー 24F
	ニッタ	大阪府大阪市浪速区桜川 4-4-26
	東海ゴム工業	愛知県小牧市東三丁目 1 番地
	三ツ星ベルト	兵庫県神戸市長田区浜添通 4 丁目 1 番 21 号
	バンドー化学	兵庫県神戸市中央区港島南町 4 丁目 6 番 6 号
パルプ・紙	特種東海製紙	東京都中央区八重洲 2-4-1
	王子ホールディングス	東京都中央区銀座四丁目 7 番 5 号
	日本製紙	東京都千代田区神田駿河台四丁目 6 番地
	三菱製紙	東京都墨田区両国 2 丁目 10 番 14 号
	北越紀州製紙	東京都中央区日本橋本石町 3-2-2
	中越パルプ工業	富山県高岡市米島 282
	巴川製紙所	東京都中央区京橋一丁目 7 番 1 号
	大王製紙	愛媛県四国中央市三島紙屋町 2 番 60 号 東京都中央区八重洲 2 丁目 7 番 2 号 八重洲三井ビル
	レンゴー	大阪府大阪市北区中之島二丁目 2 番 7 号
	トーモク	東京都千代田区丸の内 2-2-2
	ザ・パック	大阪府大阪市東成区東小橋 2 丁目 9-9

区別	会社名	本社住所
化学	クラレ	東京都千代田区大手町 1-1-3 大手センタービル
	旭化成	東京都千代田区神田神保町 1 丁目 105 番地 神保町三井ビル内
	共和レザー	静岡県浜松市南区東町 1876 番地
	コープケミカル	東京都千代田区一番町 23 番地 3
	昭和電工	東京都港区芝大門 1 丁目 13 番 9 号
	住友化学	大阪市中央区北浜 4 丁目 5 番 33 号 住友ビル
	日本化成	東京都中央区新川 1-8-8
	住友精化	大阪市中央区北浜 4 丁目 5 番 33 号 住友ビル本館
	日産化学工業	東京都千代田区神田錦町 3 丁目 7 番地 1
	ラサ工業	東京都中央区京橋 1 － 1 － 1 八重洲ダイビル
	クレハ	東京都中央区日本橋浜町三丁目 3 番 2 号
	多木化学	兵庫県加古川市別府町緑町 2 番地
	テイカ	大阪府大阪市中央区北浜 3 丁目 6 番 13 号 11
	石原産業	大阪府大阪市西区江戸堀一丁目 3 番 15 号
	片倉チッカリン	東京都千代田区九段北一丁目 13 番 5 号
	日本曹達	東京都千代田区大手町二丁目 2 番 1 号 新大手町ビル
	東ソー	東京都港区芝三丁目 8 番 2 号
	トクヤマ	東京都渋谷区渋谷 3-3-1
	セントラル硝子	東京都千代田区神田錦町三丁目 7 番地 1 興和一橋ビル
	東亞合成	東京都港区西新橋一丁目 14 番 1 号
	ダイソー	大阪府大阪市西区阿波座 1-12-18
	関東電化工業	東京都千代田区丸の内 1-2-1
	電気化学工業	東京都中央区日本橋室町二丁目 1 番 1 号 日本橋三井タワー
	信越化学工業	東京都千代田区大手町二丁目 6 番 1 号
	日本カーバイド工業	東京都港区港南 2-11-19
	堺化学工業	大阪府堺市堺区戎之町西 1 丁 1 番 23 号
	エア・ウォーター	大阪市中央区東心斎橋一丁目 20 番 16 号
	大陽日酸	東京都品川区小山一丁目 3 番 26 号

区別	会社名	本社住所
化学	日本化学工業	東京都江東区亀戸 9-11-1
	日本パーカライジング	東京都中央区日本橋一丁目 15 番 1 号
	高圧ガス工業	大阪市北区堂山町 1 番 5 号
	チタン工業	山口県宇部市小串 1978 番地の 25
	四国化成工業	香川県丸亀市土器町東八丁目 537 番地 1
	戸田工業	広島県大竹市明治新開 1-4
	ステラ ケミファ	大阪府大阪市中央区淡路町 3-6-3 NM プラザ御堂筋 3F
	保土谷化学工業	東京都中央区八重洲二丁目 4 番地 1 号 常和八重洲ビル
	日本触媒	大阪府大阪市中央区高麗橋四丁目 1 番 1 号 興銀ビル
	大日精化工業	東京都中央区日本橋馬喰町 1-7-6
	カネカ	大阪市北区中之島二丁目 3 番 18 号
	三菱瓦斯化学	東京都千代田区丸の内二丁目 5 番 2 号 三菱ビル
	三井化学	東京都港区東新橋一丁目 5 番 2 号
	JSR	東京都港区東新橋一丁目 9 番 2 号汐留住友ビル
	東京応化工業	神奈川県川崎市中原区中丸子 150
	大阪有機化学工業	大阪府大阪市中央区安土町 1-7-20
	三菱ケミカルホールディングス	東京都千代田区丸の内一丁目 1 番 1 号 パレスビル
	日本合成化学工業	大阪府大阪市北区大淀中 1-1-88 梅田スカイビルタワーイースト
	ダイセル	大阪府大阪市北区梅田 3-4-5 毎日インテシオ 東京都港区港南二丁目 18 番 1 号 JR 品川イーストビル
	住友ベークライト	東京都品川区東品川二丁目 5 番 8 号 天王洲パークサイドビル
	積水化学工業	大阪府大阪市北区西天満 2 丁目 4 番 4 号
	日本ゼオン	東京都千代田区丸の内 1-6-2 新丸の内センタービル
	アイカ工業	愛知県清須市西堀江 2288 番地
	宇部興産	宇部本社：山口県宇部市大字小串 1978-96 東京本社：東京都港区芝浦 1-2-1 シーバンス N 館
	積水樹脂	東京都港区海岸 1 丁目 11 番 1 号 ニューピア竹芝ノースタワー
	タキロン	大阪府大阪市北区梅田三丁目 1 番 3 号 ノースゲートビルディング

区別	会社名	本社住所
化学	旭有機材工業	宮崎県延岡市中の瀬町2丁目5955番地
	日立化成	東京都千代田区丸の内一丁目9番2号 （グラントウキョウサウスタワー）
	ニチバン	東京都文京区関口二丁目3番3号
	リケンテクノス	東京都中央区日本橋本町3丁目11番5号
	大倉工業	香川県丸亀市中津町1515番地
	積水化成品工業	大阪市北区西天満2丁目4番4号 関電堂島ビル
	群栄化学工業	群馬県高崎市宿大類町700番地
	タイガースポリマー	大阪府豊中市新千里東町1丁目4番1号 （阪急千里中央ビル8階）
	ミライアル	東京都豊島区西池袋1-18-2
	日本化薬	東京都千代田区富士見1-11-2 東京富士見ビル
	カーリット ホールディングス	東京都中央区京橋1丁目17番10号
	日本精化	大阪府大阪市中央区備後町2丁目4番9号 日本精化ビル
	ADEKA	東京都荒川区東尾久七丁目2番35号
	日油	東京都渋谷区恵比寿4-20-3 恵比寿ガーデンプレイスタワー
	新日本理化	大阪府大阪市中央区備後町2丁目1番8号
	ハリマ化成グループ	東京都中央区日本橋3丁目8番4号※1
	花王	東京都中央区日本橋茅場町一丁目14番10号
	第一工業製薬	京都府京都市南区吉祥院大河原町5
	三洋化成工業	京都府京都市東山区一橋野本町11番地の1
	大日本塗料	大阪府大阪市此花区西九条六丁目1番124号
	日本ペイント	大阪府大阪市北区大淀北2-1-2
	関西ペイント	大阪府大阪市中央区今橋2丁目6番14号
	神東塗料	兵庫県尼崎市南塚口町6丁目10番73号
	中国塗料	東京都千代田区霞が関3丁目2番6号 東京倶楽部ビルディング
	日本特殊塗料	東京都北区王子5丁目16番7号
	藤倉化成	東京都港区芝公園2-6-15 黒龍芝公園ビル
	太陽ホールディングス	東京都練馬区羽沢二丁目7番1号

区別	会社名	本社住所
化学	DIC	東京都千代田区神田淡路町 2 丁目 101 番地 ワテラスタワー
	サカタインクス	大阪府大阪市西区江戸堀一丁目 23 番 37 号
	東洋インキ SC ホールディングス	東京都中央区京橋三丁目 7 番 1 号
	T & K　TOKA	東京都板橋区泉町 20 番 4 号
	富士フイルム ホールディングス	東京都港区赤坂九丁目 7 番 3 号 ミッドタウン・ウェスト
	資生堂	東京都港区東新橋一丁目 6 番 2 号
	ライオン	東京都墨田区本所一丁目 3 番 7 号
	高砂香料工業	東京都大田区蒲田 5-37-1
	マンダム	大阪府大阪市中央区十二軒町 5-12
	ミルボン	大阪府大阪市都島区善源寺町二丁目 3 番 35 号
	ファンケル	神奈川県横浜市中区山下町 89 番地 1
	コーセー	東京都中央区日本橋三丁目 6 番 2 号 日本橋フロント
	ドクターシーラボ	東京都渋谷区広尾一丁目 1 番 39 号 恵比寿プライムスクエアタワー 14F
	シーボン	神奈川県川崎市宮前区菅生 1 丁目 20 番 8 号
	ポーラ・オルビス ホールディングス	東京都中央区銀座 1-7-7　ポーラ銀座ビル
	ノエビアホールディングス	兵庫県神戸市中央区港島中町 6-13-1
	エステー	東京都新宿区下落合一丁目 4 番 10 号
	コニシ	大阪府大阪市中央区道修町一丁目 7 番 1 号 （北浜 TNK ビル）
	長谷川香料	東京都中央区日本橋本町 4 丁目 4 番 14 号
	星光 PMC	東京都中央区日本橋本町 3 丁目 3 番 6 号
	小林製薬	大阪府大阪市中央区道修町四丁目 4 番 10 号 KDX 小林道修町ビル
	荒川化学工業	大阪市中央区平野町 1 丁目 3 番 7 号
	メック	兵庫県尼崎市昭和通 3 丁目 95 番地
	日本高純度化学	東京都練馬区北町三丁目 10 番 18 号
	JCU	東京都台東区東上野 4 丁目 8 − 1 TIXTOWER UENO 16 階
	新田ゼラチン	大阪市浪速区桜川 4 丁目 4 番 26 号

区別	会社名	本社住所
化学	アース製薬	東京都千代田区神田司町二丁目 12 番地 1
	イハラケミカル工業	東京都台東区池之端一丁目 4-26
	北興化学工業	東京都中央区日本橋本石町四丁目 4 番 20 号 （三井第二別館）
	大成ラミック	埼玉県白岡市下大崎 873-1
	クミアイ化学工業	東京都台東区池之端一丁目 4 番 26 号
	日本農薬	東京都中央区京橋 1-19-8（京橋 OM ビル）
	アキレス	東京都新宿区大京町 22-5
	有沢製作所	新潟県上越市南本町 1-5-5
	日東電工	大阪府大阪市北区大深町 4-20 グランフロント大阪タワー A
	レック	東京都中央区日本橋浜町 3-15-1 日本橋安田スカイゲート 6 階
	きもと	埼玉県さいたま市中央区鈴谷 4 丁目 6 番 35 号
	藤森工業	東京都新宿区西新宿一丁目 23 番 7 号 新宿ファーストウエスト 10 階
	前澤化成工業	東京都中央区八重洲二丁目 7 番 2 号
	JSP	東京都千代田区丸の内 3-4-2（新日石ビル）
	エフピコ	広島県福山市曙町 1 丁目 12 番 15 号
	天馬	東京都北区赤羽 1-63-6
	信越ポリマー	東京都中央区日本橋本町 4-3-5 信越ビル
	東リ	兵庫県伊丹市東有岡 5 丁目 125 番地
	ニフコ	神奈川県横浜市戸塚区舞岡町 184-1
	日本バルカー工業	東京都品川区大崎二丁目 1 番 1 号
	ユニ・チャーム	東京都港区三田 3-5-27
金属製品	稲葉製作所	東京都大田区矢口 2 丁目 5 番 25 号
	宮地エンジニアリング グループ	東京都中央区日本橋富沢町 9 番 19 号
	トーカロ	兵庫県神戸市東灘区深江北町 4 丁目 13 番 4 号
	アルファ	神奈川県横浜市金沢区福浦 1-6-8
	SUMCO	東京都港区芝浦一丁目 2 番 1 号
	川田テクノロジーズ	東京都北区滝野川 1-3-11

区別	会社名	本社住所
金属製品	東洋製罐グループ ホールディングス	東京都品川区東五反田 2-18-1 大崎フォレストビルディング
	ホッカンホールディングス	東京都千代田区丸の内 2-2-2　丸の内三井ビル
	コロナ	新潟県三条市東新保 7 番 7 号
	横河ブリッジ ホールディングス	千葉県船橋市山野町 27　横河テクノビル
	日本橋梁	東京都江東区豊洲 5 丁目 6 番 52 号 （NBF 豊洲キャナルフロント）
	駒井ハルテック	東京都台東区上野 1 丁目 19 番 10 号
	高田機工	東京都中央区日本橋大伝馬町 3 番 2 号 （Daiwa 小伝馬町ビル）
	三和ホールディングス	東京都新宿区西新宿 2 丁目 1 番 1 号 新宿三井ビル 52 階
	文化シヤッター	東京都文京区西片 1 丁目 17 番 3 号
	三協立山	富山県高岡市早川 70
	東洋シヤッター	大阪市中央区南船場二丁目 3 番 2 号
	LIXIL グループ	東京都千代田区霞が関三丁目 2 番 5 号 霞が関ビルディング 36 階
	日本フイルコン	東京都稲城市大丸 2220
	ノーリツ	兵庫県神戸市中央区江戸町 93 番地（栄光ビル）
	長府製作所	山口県下関市長府扇町 2 番 1 号
	リンナイ	愛知県名古屋市中川区福住町 2-26
	ダイニチ工業	新潟県 新潟市南区北田中 780-6
	日東精工	京都府綾部市井倉町梅ケ畑 20 番地
	三洋工業	東京都江東区亀戸 6-20-7
	岡部	東京都墨田区押上 2 丁目 8 番 2 号
	中国工業	広島県呉市広名田一丁目 3 番 1 号
	東プレ	東京都中央区日本橋 3-12-2（朝日ビル）
	高周波熱錬	東京都品川区東五反田二丁目 17 番 1 号 オーバルコート大崎マークウエスト
	東京製綱	東京都中央区日本橋 3-6-2（日本橋フロント）
	サンコール	京都市右京区梅津西浦町 14 番地
	モリテック　スチール	大阪府大阪市中央区谷町 6-18-31
	バイオラックス	神奈川県横浜市保土ケ谷区岩井町 51

区別	会社名	本社住所
金属製品	日本発條	神奈川県横浜市金沢区福浦 3-10
	中央発條	愛知県名古屋市緑区鳴海町上汐田 68 番地
	アドバネクス	東京都北区田端六丁目 1 番 1 号 田端アスカタワー
	三益半導体工業	群馬県高崎市保渡田町 2174-1
鉱業	住石ホールディングス	東京都港区新橋 2 丁目 12 番 15 号（田中田村町ビル）
	日鉄鉱業	東京都千代田区丸の内 2 丁目 3-2
	三井松島産業	福岡県福岡市中央区大手門 1 丁目 1 番 12 号
	国際石油開発帝石	東京都港区赤坂 5-3-1　赤坂 Biz タワー 32F
	日本海洋掘削	東京都中央区日本橋堀留町 2-4-3 新堀留ビル
	関東天然瓦斯開発	東京都中央区日本橋室町二丁目 1-1 三井二号館
	石油資源開発	東京都千代田区丸の内一丁目 7 番 12 号
石油・石炭製品	日本コークス工業	東京都江東区豊洲三丁目 3 番 3 号
	昭和シェル石油	東京都港区台場二丁目 3 番 2 号 台場フロンティアビル
	コスモ石油	東京都港区芝浦一丁目 1 番 1 号 浜松町ビルディング
	ニチレキ	東京都千代田区九段北 4-3-29
	東燃ゼネラル石油	東京都港区港南一丁目 8 番 15 号
	ユシロ化学工業	東京都大田区千鳥 2-34-16
	ビーピー・カストロール	東京都品川区大崎 1－11－2　ゲートシティ大崎
	富士石油	東京都品川区東品川二丁目 5 番 8 号 天王洲パークサイドビル 10 階・11 階
	MORESCO	兵庫県神戸市中央区港島南町 5-5-3
	出光興産	東京都千代田区丸の内 3 丁目 1 番 1 号
	JX ホールディングス	東京都千代田区大手町 2-6-3
繊維製品	片倉工業	東京都中央区明石町 6-4 ニチレイ明石町ビル
	グンゼ	大阪市北区梅田 1 丁目 8-17　大阪第一生命ビル
	東洋紡	大阪市北区堂島浜二丁目 2 番 8 号
	ユニチカ	大阪府大阪市中央区久太郎町四丁目 1 番 3 号 大阪センタービル
	富士紡ホールディングス	東京都中央区日本橋人形町 1-18-12
	日清紡ホールディングス	東京都中央区日本橋人形町 2-31-11

区別	会社名	本社住所
繊維製品	倉敷紡績	大阪市中央区久太郎町 2 丁目 4 番 31 号
	シキボウ	大阪府大阪市中央区備後町 3-2-6
	日本毛織	大阪府大阪市中央区瓦町三丁目 3-10
	大東紡織	東京都中央区日本橋小舟町 6 番 6 号 小倉ビル
	トーア紡コーポレーション	大阪府大阪市中央区瓦町三丁目 1 番 4 号
	ダイドーリミテッド	東京都千代田区外神田三丁目 1 番 16 号
	帝国繊維	東京都中央区日本橋 2 丁目 5 番 13 号
	帝人	大阪府大阪市中央区南本町一丁目 6 番 7 号
	東レ	東京都中央区日本橋室町二丁目 1 番 1 号 日本橋三井タワー
	サカイオーベックス	福井県福井市花堂中 2 丁目 15-1
	住江織物	大阪府大阪市中央区南船場三丁目 11 番 20 号
	日本フエルト	東京都北区赤羽西 1 丁目 7 番 11 号
	イチカワ	東京都文京区本郷 2 丁目 14 番 15 号
	日本バイリーン	東京都中央区築地五丁目 6 番 4 号 浜離宮三井ビルディング
	日東製網	広島県福山市一文字町 14 番 14 号
	芦森工業	大阪府大阪市西区北堀江 3 丁目 10 番 18 号
	アツギ	神奈川県海老名市大谷北 1 丁目 9-1
	ダイニック	東京都港区新橋 6-17-19（新御成門ビル）
	セーレン	福井県福井市毛矢 1-10-1
	東海染工	愛知県名古屋市西区牛島町 6 番 1 号 3-28-12
	小松精練	石川県能美市浜町ヌ 167
	ワコールホールディングス	京都府京都市南区吉祥院中島町 29
	ホギメディカル	東京都港区赤坂 2 丁目 7 番 7 号
	レナウン	東京都江東区有明三丁目 6 番 11 号 TFT ビル東館 6F
	クラウディア	京都市右京区西院高田町 34 番地
	TSI ホールディングス	東京都千代田区麹町五丁目 7 番 1 号
	三陽商会	東京都港区海岸一丁目 2 番 20 号 汐留ビルディング（21 階～24 階）
	ナイガイ	東京都墨田区緑 4-19-17

区別	会社名	本社住所
繊維製品	オンワードホールディングス	東京都中央区京橋 1 丁目 7 番 1 号 TODA BUILDING
	ルック	東京都目黒区中目黒 2 丁目 7 番 7 号
	キムラタン	兵庫県神戸市中央区京町 72 番地
	ゴールドウイン	東京都渋谷区松濤 2-20-6
	デサント	東京都豊島区目白 1-4-8 大阪市天王寺区堂ヶ芝 1-11-3
	キング	東京都品川区西五反田 2-14-9
	ヤマトインターナショナル	大阪府大阪市中央区博労町 2-3-9
鉄鋼	新日鐵住金	東京都千代田区丸の内 2 丁目 6-1
	神戸製鋼所	神戸市中央区脇浜海岸通 2 丁目 2-4
	中山製鋼所	大阪市大正区船町 1-1-66
	合同製鐵	大阪市北区堂島浜二丁目 2 番 8 号
	ジェイ エフ イーホールディングス	東京都千代田区内幸町 2 丁目 2 番 3 号 （日比谷国際ビル 28 階）
	日新製鋼ホールディングス	東京都千代田区丸の内三丁目 4 番 1 号（新国際ビル）
	東京製鐵	東京都千代田区霞が関三丁目 7 番 1 号
	共英製鋼	大阪市北区堂島浜 1 丁目 4 番 16 号
	大和工業	兵庫県姫路市大津区吉美 380 番地
	東京鐵鋼	栃木県小山市横倉新田 520 番地
	大阪製鐵	大阪府大阪市大正区南恩加島一丁目 9-3
	淀川製鋼所	大阪市中央区南本町四丁目 1 番 1 号
	東洋鋼鈑	東京都千代田区四番町 2 番地 12
	丸一鋼管	大阪市西区北堀江 3-9-10
	モリ工業	大阪府大阪市中央区西心斎橋 2-2-3 （ORE 心斎橋ビル 9 階）
	大同特殊鋼	愛知県名古屋市東区東桜 1-1-10 アーバンネット名古屋ビル 22 階
	日本高周波鋼業	東京都千代田区岩本町一丁目 10 番 5 号
	日本冶金工業	東京都中央区京橋 1 丁目 5 番 8 号
	山陽特殊製鋼	兵庫県姫路市飾磨区中島 3007
	愛知製鋼	愛知県東海市荒尾町ワノ割 1 番地
	日立金属	東京都港区芝浦一丁目 2 番 1 号 シーバンス N 館

区別	会社名	本社住所
鉄鋼	日本金属	東京都港区芝 5 丁目 30-7
	大平洋金属	青森県八戸市大字河原木字遠山新田 5-2
	日本電工	東京都中央区八重洲 1-4-16 東京建物八重洲ビル 4 階
	栗本鐵工所	大阪府大阪市西区北堀江 1-12-19
	虹技	兵庫県姫路市大津区勘兵衛町 4 丁目 1
	日本鋳鉄管	埼玉県久喜市菖蒲町昭和沼一番地
	三菱製鋼	東京都中央区晴海三丁目 2 番 22 号 （晴海パークビル）
	日亜鋼業	兵庫県尼崎市道意町 6 丁目 74 番地
	日本精線	大阪市中央区高麗橋四丁目 1 番 1 号 興銀ビル 9F
	シンニッタン	神奈川県川崎市川崎区貝塚 1-13-1
	新家工業	大阪府大阪市中央区南船場 2-12-12
電気・ガス業	東京電力	東京都千代田区内幸町 1-1-3
	中部電力	愛知県名古屋市東区東新町 1 番地
	関西電力	大阪府大阪市北区中之島三丁目 6 番 16 号
	中国電力	広島県広島市中区小町 4 番 33 号
	北陸電力	富山県富山市牛島町 15-1
	東北電力	宮城県仙台市青葉区本町一丁目 7 番 1 号
	四国電力	香川県高松市丸の内 2 番 5 号
	九州電力	福岡県福岡市中央区渡辺通二丁目 1 番 82 号
	北海道電力	北海道札幌市中央区大通東 1 丁目 2
	沖縄電力	沖縄県浦添市牧港 5-2-1
	電源開発	東京都中央区銀座 6-15-1
	東京瓦斯	東京都港区海岸一丁目 5 番 20 号
	大阪瓦斯	大阪市中央区平野町四丁目 1 番 2 号
	東邦瓦斯	愛知県名古屋市熱田区桜田町 19 番 18 号
	北海道瓦斯	札幌市中央区大通西 7 丁目 3-1 エムズ大通ビル
	西部瓦斯	福岡県福岡市博多区千代 1 丁目 17 番 1 号
	静岡瓦斯	静岡県静岡市駿河区八幡一丁目 5-38

区別	会社名	本社住所
非鉄金属	大紀アルミニウム工業所	大阪市西区土佐堀1丁目4番8号（日栄ビル）
	日本軽金属ホールディングス	東京都品川区東品川2丁目2番20号
	三井金属鉱業	東京都品川区大崎 1-11-1 ゲートシティ大崎 ウェストタワー 19F
	東邦亜鉛	東京都中央区日本橋本町一丁目6番1号
	三菱マテリアル	東京都千代田区大手町 1-3-2
	住友金属鉱山	東京都港区新橋5丁目11番3号（新橋住友ビル）
	DOWA ホールディングス	東京都千代田区外神田四丁目14番1号 秋葉原 UDX ビル 22 階
	古河機械金属	東京都千代田区丸の内 2-2-3 （丸の内仲通りビルディング）
	エス・サイエンス	東京都中央区銀座 8－9－13　K-18 ビル 7 階
	大阪チタニウムテクノロジーズ	兵庫県尼崎市東浜町1番地
	東邦チタニウム	神奈川県茅ヶ崎市茅ヶ崎3丁目3番地5号
	UACJ	東京都千代田区大手町 1-7-2
	古河電気工業	東京都千代田区丸の内 2-2-3
	住友電気工業	大阪市中央区北浜4丁目5番33号（住友ビル本館）
	フジクラ	東京都江東区木場 1-5-1
	昭和電線ホールディングス	東京都港区虎ノ門一丁目1番18号
	東京特殊電線	東京都港区新橋六丁目1番11号
	タツタ電線	大阪府東大阪市岩田町2丁目3番1号
	沖電線	神奈川県川崎市中原区下小田中2丁目 12-8
	カナレ電気	神奈川県横浜市港北区新横浜二丁目4番1号 新横浜 WN ビル 4F
	平河ヒューテック	東京都品川区南大井 3-28-10
	リョービ	広島県府中市目崎町 762 番地
	アサヒホールディングス	兵庫県神戸市中央区加納町 4-4-17 ニッセイ三宮ビル 16F

第**3**章

就職活動のはじめかた

入りたい会社は決まった。しかし「就職活動とはそもそも何をしていいのかわからない」「どんな流れで進むかわからない」という声は意外と多い。ここでは就職活動の一般的な流れや内容，対策について解説していく。

▶就職活動のスケジュール

3月	**4月**	**6月**

就職活動スタート

2025年卒の就活スケジュールは,経団連と政府を中心に議論され,2024年卒の採用選考スケジュールから概ね変更なしとされている。

エントリー受付・提出

OB・OG訪問

企業の説明会には積極的に参加しよう。独自の企業研究だけでは見えてこなかった新たな情報を得る機会であるとともに,モチベーションアップにもつながる。また,説明会に参加した者だけに配布する資料などもある。

合同企業説明会　　**個別企業説明会**

筆記試験・面接試験等始まる（3月～）

内々定（大手企業）

2月末までにやっておきたいこと

就職活動が本格化する前に，以下のことに取り組んでおこう。
　◎自己分析　◎インターンシップ　◎筆記試験対策
　◎業界研究・企業研究　◎学内就職ガイダンス
自分が本当にやりたいことはなにか，自分の能力を最大限に活かせる会社はどこか。自己分析と企業研究を重ね，それを文章などにして明確にしておき，面接時に最大限に活用できるようにしておこう。

※このスケジュール表は一般的なものです。本年（2019年度）の採用スケジュール表では
ありませんので，ご注意ください。

7月　　　　　　　　**8月**　　　　　　　**10月**

中 小 企 業 採 用 本 格 化

内定者の数が採用予定数に満た
ない企業，1年を通して採用を継
続している企業，夏休み以降に採
用活動を実施企業（後期採用）は
採用活動を継続して行っている。
大企業でも後期採用を行っている
こともあるので，企業から内定が
出ても，納得がいかなければ継続
して就職活動を行うこともある。

中小企業の採用が本格化するのは大手
企業より少し遅いこの時期から。HP
などで採用情報をつかむとともに，企
業研究も怠らないようにしよう。

内々定とは10月1日以前に通知（電話等）
されるもの。内定に関しては現在協定があり，
10月1日以降に文書等にて通知される。

内々定（中小企業）　　　　　内定式（10月〜）

どんな人物が求められる？

多くの企業は，常識やコミュニケーション能力があり，社会のできごと
に高い関心を持っている人物を求めている。これは「会社の一員とし
て将来の企業発展に寄与してくれるか」という視点に基づく，もっとも
普遍的な選考基準だ。もちろん，「自社の志望を真剣に考えているか」
「自社の製品，サービスにどれだけの関心を向けているか」という熱
意の部分も重要な要素になる。

就活ロールプレイ！

理論編

理論編 STEP 1　　就職活動のスタート

内定までの道のりは，大きく分けると以下のようになる。

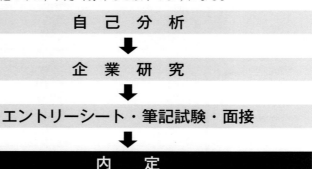

01　まず自己分析からスタート

就職活動とは，「企業に自分をPRすること」。自分自身の興味，価値観に加えて，強み・能力という要素が加わって，初めて企業側に「自分が働いたら，こういうポイントで貢献できる」と自分自身を売り込むことができるようになる。

■**自分の来た道を振り返る**

自己分析をするための第一歩は，「振り返ってみる」こと。

小学校，中学校など自分のいた"場"ごとに何をしたか（部活動など），何を学んだか，交友関係はどうだったか，興味のあったこと，覚えている印象的なことを書き出してみよう。

■**テストを受けてみる**

"自分では気がついていない能力"を客観的に検査してもらうことで，自分に向いている職種が見えてくる。下記の5種類が代表的なものだ。

①**職業適性検査**　②**知能検査**　③**性格検査**

④**職業興味検査**　⑤**創造性検査**

■**先輩や専門家に相談してみる**

　就職活動をするうえでは，"いかに他人に自分のことをわかってもらうか"が重要なポイント。他者の視点で自分を分析してもらうことで，より客観的な視点で自己PRができるようになる。

自己分析の流れ
❏過去の経験を書いてみる
❏現在の自己イメージを明確にする…行動，考え方，好きなものなど。
❏他人から見た自分を明確にする
❏将来の自分を明確にしてみる…どのような生活をおくっていたいか。期待，夢，願望。なりたい自分はどういうものか，掘り下げて考える。→ 自己分析結果を，志望動機につなげていく。

企業の情報を収集する

01 企業の絞り込み

　志望企業の絞り込みについての考え方は大きく分けて2つある。

　第1は，同一業種の中で1次候補，2次候補……と絞り込んでいく方法。

　第2は，業種を1次，2次，3次候補と変えながら，それぞれに2社程度ずつ絞り込んでいく方法。

　第1の方法では，志望する同一業種の中で，一流企業，中堅企業，中小企業，縁故などがある歯止めの会社……というふうに絞り込んでいく。

　第2の方法では，自分が最も望んでいる業種，将来好きになれそうな業種，発展性のある業種，安定性のある業種，現在好況な業種……というふうに区別して，それぞれに適当な会社を絞り込んでいく。

02 情報の収集場所

・キャリアセンター

・新聞

・インターネット

・企業情報

『就職四季報』（東洋経済新報社刊），『日経会社情報』（日本経済新聞社刊）などの企業情報。この種の資料は本来"株式市場"についての資料だが，その時期の景気動向を含めた情報を仕入れることができる。

・経済雑誌

『ダイヤモンド』（ダイヤモンド社刊）や『東洋経済』（東洋経済新報社刊），『エコノミスト』（毎日新聞出版刊）など。

・OB・OG／社会人

①成長力

まず"売上高"。次に資本力の問題や利益率などの比率。いくら資本金があっても、それを上回る膨大な借金を抱えていて、いくら稼いでも利払いに追われまくるようでは、成長できないし、安定できない。

成長力を見るには自己資本率を割り出してみる。自己資本を総資本で割って100を掛けると自己資本率がパーセントで出てくる。自己資本の比率が高いほうが成長力もあり安定度も高い。

利益率は純利益を売上高で割って100を掛ける。利益率が高ければ、企業はどんどん成長するし、社員の待遇も上昇する。利益率が低いということは、仕事がどんなに忙しくても利益にはつながらないということになる。

②技術力

技術力は、短期的な見方と長期的な展望が必要になってくる。研究部門が適切な規模か、大学など企業外の研究部門との連絡があるか、先端技術の分野で開発を続けているかどうかなど。

③経営者と経営形態

会社が将来、どのような発展をするか、または衰退するかは経営者の経営哲学、経営方針によるところが大きい。社長の経歴を知ることも必要。創始者の息子、孫といった親族が社長をしているのか、サラリーマン社長か、官庁などからの天下りかということも大切なチェックポイント。

④社風

社風というのは先輩社員から後輩社員に伝えられ、教えられるもの。社風もいろいろな面から必ずチェックしよう。

⑤安定性

企業が成長しているか、安定しているかということは車の両輪。どちらか片方の回転が遅くなっても企業はバランスを失う。安定し、しかも成長する。これが企業として最も理想とするところ。

⑥待遇

初任給だけを考えてみても、それが手取りなのか、基本給なのか。基本給というのはボーナスから退職金、定期昇給の金額にまで響いてくる。また、待遇というのは給与ばかりではなく、福利厚生施設でも大きな差が出てくる。

■そのほかの会社比較の基準

1. ゆとり度

休暇制度は，企業によって独自のものを設定しているところもある。「長期休暇制度」といったものなどの制定状況と，また実際に取得できているかどうかも調べたい。

2. 独身寮や住宅設備

最近では，社宅は廃止し，住宅手当を多く出すという流れもある。寮や社宅についての福利厚生は調べておく。

3. オフィス環境

会社に根づいた慣習や社員に対する考え方が，意外にオフィスの設備やレイアウトに表れている場合がある。

たとえば，個人の専有スペースの広さや区切り方，パソコンなどOA機器の設置状況，上司と部下の机の配置など，会社によってずいぶん違うもの。玄関ロビーや受付の様子を観察するだけでも，会社ごとのカラーや特徴がどこかに見えてくる。

4. 勤務地

転勤はイヤ，どうしても特定の地域で生活していきたい。そんな声に応えて，最近は流通業などを中心に，勤務地限定の雇用制度を取り入れる企業も増えている。

column　初任給では分からない本当の給与

会社の給与水準には「初任給」「平均給与」「平均ボーナス」「モデル給与」など，判断材料となるいくつかのデータがある。これらのデータからその会社の給料の優劣を判断するのは非常に難しい。

たとえば中小企業の中には，初任給が飛び抜けて高い会社がときどきある。しかしその後の昇給率は大きくないのがほとんど。

一方，大手企業の初任給は業種間や企業間の差が小さく，ほとんど横並びと言っていい。そこで，「平均給与」や「平均ボーナス」などで将来の予測をするわけだが，これは一応の目安とはなるが，個人差があるので正確とは言えない。

■決定版「就職ノート」はこう作る

1冊にすべて書き込みたいという人には，ルーズリーフ形式のノートがお勧め。会社研究，スケジュール，時事用語，OB／OG訪問，切り抜きなどの項目を作りインデックスをつける。

カレンダー，説明会，試験などのスケジュール表を貼り，とくに会社別の説明会，面談，書類提出，試験の日程がひと目で分かる表なども作っておく。そして見開き2ページで1社を載せ，左ページに企業研究，右ページには志望理由，自己PRなどを整理する。

就職ノートの主なチェック項目

❏企業研究…資本金，業務内容，従業員数など基礎的な会社概要から，過去の採用状況，業務報告などのデータ

❏採用試験メモ…日程，条件，提出書類，採用方法，試験の傾向など

❏店舗・営業所見学メモ…流通関係，銀行などの場合は，客として訪問し，商品（値段，使用価値，ユーザーへの配慮），店員（接客態度，商品知識，熱意，親切度），店舗（ショーケース，陳列の工夫，店内の清潔さ）などの面をチェック

❏OB／OG訪問メモ…OB／OGの名前，連絡先，訪問日時，面談場所，質疑応答のポイント，印象など

❏会社訪問メモ…連絡先，人事担当者名，会社までの交通機関，最寄り駅からの地図，訪問のときに得た情報や印象，訪問にいたるまでの経過も記入

05 「OB／OG訪問」

　「OB／OG訪問」は，実際は採用予備選考開始。まず，OB／OG訪問を希望したら，大学のキャリアセンター，教授などの紹介で，志望企業に勤める先輩の手がかりをつかむ。もちろん直接電話なり手紙で，自分の意向を会社側に伝えてもいい。自分の在籍大学，学部をはっきり言って，「先輩を紹介していただけないでしょうか」と依頼しよう。

参考

OB／OG訪問時の質問リスト例

●採用について

- ・成績と面接の比重
- ・採用までのプロセス（日程）
- ・面接は何回あるか
- ・面接で質問される事項　etc.
- ・評価のポイント
- ・筆記試験の傾向と対策
- ・コネの効力はどうか

●仕事について

- ・内容（入社10年, 20年のOB/OG）
- ・希望職種につけるのか
- ・残業，休日出勤，出張など
- ・新入社員の仕事
- ・やりがいはどうか
- ・同業他社と比較してどうか　etc.

●社風について

- ・社内のムード
- ・仕事のさせ方　etc.
- ・上司や同僚との関係

●待遇について

- ・給与について
- ・昇進のスピード
- ・福利厚生の状態
- ・離職率について　etc.

06 インターンシップ

　インターンシップとは，学生向けに企業が用意している「就業体験」プログラム。ここで学生はさまざまな企業の実態をより深く知ることができ，その後の就職活動において自己分析，業界研究，職種選びなどに活かすことができる。また企業側にとっても有能な学生を発掘できるというメリットがあるため，導入する企業は増えている。

　インターンシップ参加が採用につながっているケースもあるため，たくさん参加してみよう。

column　コネを利用するのも１つの手段？

　コネを活用できるのは，以下のような場合である。

・企業と大学に何らかの「連絡」がある場合

　　企業の新卒採用の場合，特定校・指定校が決められていることもある。企業側が過去の実績などに基づいて決めており，大学の力が大きくものをいう。

　　とくに理工系では，指導教授や研究室と企業との連絡が密接な場合が多く，教授の推薦が有利であることは言うまでもない。同じ大学出身の先輩とのコネも，この部類に区分できる。

・志望企業と「関係」ある人と関係がある場合

　　一般的に言えば，志望企業の取り引き先関係からの紹介というのが一番多い。ただし，年間億単位の実績が必要で，しかも部長・役員以上につながっていなければコネがあるとは言えない。

・志望企業と何らかの「親しい関係」がある場合

　　志望企業に勤務したりアルバイトをしていたことがあるという場合。インターンシップもここに分類される。職場にも馴染みがあり人間関係もできているので，就職に際してきわめて有利。

・志望会社に関係する人と「縁故」がある場合

　　縁故を「血縁関係」とした場合，日本企業ではこのコネはかなり有効なところもある。ただし，血縁者が同じ会社にいるというのは不都合なことも多いので，どの企業も慎重。

1. 受付の様子

　受付事務がテキパキとしていて，分かりやすいかどうか。社員の態度が親切で誠意が伝わってくるかどうか。

　こういった受付の様子からでも，その会社の社員教育の程度や，新入社員採用に対する熱意とか期待を推し測ることができる。

2. 控え室の様子

　控え室が2カ所以上あって，国立大学と私立大学の訪問者とが，別々に案内されているようなことはないか。また，面談の順番を意図的に変えているようなことはないか。これはよくある例で，すでに大半は内定しているということを意味する場合が多い。

3. 社内の雰囲気

　社員の話し方，その内容を耳にはさむだけでも，社風が伝わってくる。

4. 面談の様子

　何時間も待たせたあげくに，きわめて事務的に，しかも投げやりな質問しかしないような採用担当者である場合，この会社は人事が適正に行われていないということだから，一考したほうがよい。

参考 ▶ **説明会での質問項目**

・質問内容が抽象的でなく，具体性のあるものかどうか。
・質問内容は，現在の社会・経済・政治などの情況を踏まえた，
　大学生らしい高度で専門性のあるものか。
・質問をするのはいいが，「それでは，あなたの意見はどうか」と
　逆に聞かれたとき，自分なりの見解が述べられるものであるか。

提出書類を用意する

　提出する書類は6種類。①～③が大学に申請する書類，④～⑥が自分で書く書類だ。大学に申請する書類は一度に何枚も入手しておこう。

①「卒業見込証明書」

②「成績証明書」

③「健康診断書」

④「履歴書」

⑤「エントリーシート」

⑥「会社説明会アンケート」

■自分で書く書類は「自己PR」

　第1次面接に進めるか否かは「自分で書く書類」の出来にかかっている。「履歴書」と「エントリーシート」は会社説明会に行く前に準備しておくもの。「会社説明会アンケート」は説明会の際に書き，その場で提出する書類だ。

01 履歴書とエントリーシートの違い

　Webエントリーを受け付けている企業に資料請求をすると，資料と一緒に「エントリーシート」が送られてくるので，応募サイトのフォームやメールでエントリーシートを送付する。Webエントリーを行っていない企業には，ハガキやメールで資料請求をする必要があるが，「エントリーシート」は履歴書とは異なり，企業が設定した設問に対して回答するもの。すなわちこれが「1次試験」であり，これにパスをした人だけが会社説明会に呼ばれる。

■**字はていねいに**

字を書くところから，その企業に対する"本気度"は測られている。

■**誤字，脱字は厳禁**

使用するのは，黒のインク。

■**修正液使用は不可**

■**数字は算用数字**

■**自分の広告を作るつもりで書く**

自分はこういう人間であり，何がしたいかということを簡潔に書く。メリットになることだけで良い。自分に損になるようなことを書く必要はない。

■**「やる気」を示す具体的なエピソードを**

「私はやる気があります」「私は根気があります」という抽象的な表現だけではNG。それを示すエピソードのようなものを書かなくては意味がない。

─*Point*─

自己紹介欄の項目はすべて「自己PR」。自分はこういう人間であることを印象づけ，それがさらに企業への「志望動機」につながっていくような書き方をする。

column 履歴書やエントリーシートは，共通でもいい？

「履歴書」や「エントリーシート」は企業によって書き分ける。業種はもちろん，同じ業界の企業であっても求めている人材が違うからだ。各書類は提出前にコピーを取り，さらに出した企業名を忘れずに書いておくことも大切だ。

┃ 履歴書記入のPoint

写真	スナップ写真は不可。 スーツ着用で,胸から上の物を使用する。ポイントは「清潔感」。 氏名・大学名を裏書きしておく。
日付	郵送の場合は投函する日,持参する場合は持参日の日付を記入する。
生年月日	西暦は避ける。元号を省略せずに記入する。
氏名	戸籍上の漢字を使う。印鑑押印欄があれば忘れずに押す。
住所	フリガナ欄がカタカナであればカタカナで,平仮名であれば平仮名で記載する。
学歴	最初の行の中央部に「学□□歴」と2文字程度間隔を空けて,中学校卒業から大学(卒業・卒業見込み)まで記入する。 中途退学の場合は,理由を簡潔に記載する。留年は記入する必要はない。 職歴がなければ,最終学歴の一段下の行の右隅に,「以上」と記載する。
職歴	最終学歴の一段下の行の中央部に「職□□歴」と2文字程度間隔を空け記入する。 「株式会社」や「有限会社」など,所属部門を省略しないで記入する。 「同上」や「〃」で省略しない。 最終職歴の一段下の行の右隅に,「以上」と記載する。
資格・免許	4級以下は記載しない。学習中のものも記載して良い。 「普通自動車第一種運転免許」など,省略せずに記載する。
趣味・特技	具体的に(例:読書でもジャンルや好きな作家を)記入する。
志望理由	その企業の強みや良い所を見つけ出したうえで,「自分の得意な事」がどう活かせるかなどを考えぬいたものを記入する。
自己PR	応募企業の事業内容や職種にリンクするような,自分の経験やスキルなどを記入する。
本人希望欄	面接の連絡方法,希望職種・勤務地などを記入する。「特になし」や空白はNG。
家族構成	最初に世帯主を書き,次に配偶者,それから家族を祖父母,兄弟姉妹の順に。続柄は,本人から見た間柄。兄嫁は,義姉と書く。
健康状態	「良好」が一般的。

01 エントリーシートの目的

・応募者を，決められた採用予定者数に絞り込むこと

・面接時の資料にする

の2つ。

■知りたいのは職務遂行能力

　採用担当者が学生を見る場合は,「こいつは与えられた仕事をこなせるかどう
か」という目で見ている。企業に必要とされているのは仕事をする能力なのだ。

┌─Point─────────────────────────────
│
│ 質問に忠実に，"自分がいかにその会社の求める人材に当てはまるか"を
│ 丁寧に答えること。
│
└───────────────────────────────────

02 効果的なエントリーシートの書き方

■情報を伝える書き方

　課題をよく理解していることを相手に伝えるような気持ちで書く。

■文章力

　大切なのは全体のバランスが取れているか。書く前に，何をどれくらいの字
数で収めるか計算しておく。

　「起承転結」でいえば,「起」は，文章を起こす導入部分。「承」は，起を受け
て，その提起した問題に対して承認を求める部分。「転」は，自説を展開する
部分。もっともオリジナリティが要求される。「結」は，最後の締めの結論部分。
文章の構成・まとめる力で，総合的な能力が高いことをアピールする。

その出題意図

エントリーシートで求められるものは，「自己PR」「志望動機」「将来どうなりたいか（目指すこと）」の3つに大別される。

1.「自己PR」

自己分析にしたがって作成していく。重要なのは，「なぜそうしようと思ったか？」「○○をした結果，何が変わったのか？何を得たのか？」という"連続性"が分かるかどうかがポイント。

2.「志望動機」

自己PRと一貫性を保ち，業界志望理由と企業志望理由を差別化して表現するように心がける。志望する業界の強みと弱み，志望企業の強みと弱みの把握は基本。

3.「将来の展望」

どんな社員を目指すのか，仕事へはどう臨もうと思っているか，目標は何か，などが問われる。仕事内容を事前に把握しておくだけでなく，5年後の自分，10年後の自分など，具体的な将来像を描いておくことが大切。

表現力，理解力のチェックポイント

❑ 文法，語法が正しいかどうか
❑ 論旨が論理的で一貫しているかどうか
❑ 1センテンスが簡潔かどうか
❑ 表現が統一されているかどうか（「です，ます」調か「だ，である」調か）

01 個人面接

●自由面接法

面接官と受験者のキャラクターやその場の雰囲気，質問と応答の進行具合などによって雑談形式で自由に進められる。

●標準面接法

自由面接法とは逆に，質問内容や評価の基準などがあらかじめ決まっている。実際には自由面接法と併用で，おおまかな質問事項や判定基準，評価ポイントを決めておき，質疑応答の内容上の制限を緩和しておくスタイルが一般的。1次面接などでは標準面接法をとり，2次以降で自由面接法をとる企業も多い。

●非指示面接法

受験者に自由に発言してもらい，面接官は話題を引き出したりするときなど，最小限の質問をするという方法。

●圧迫面接法

わざと受験者の精神状態を緊張させ，受験者がどのような応答をするかを観察し，判定する。受験者は，冷静に対応することが肝心。

02 集団面接

面接の方法は個人面接と大差ないが，面接官がひとつの質問をして，受験者が順にそれに答えるという方法と，面接官が司会役になって，座談会のような形式で進める方法とがある。

座談会のようなスタイルでの面接は，なるべく受験者全員が関心をもっているような話題を取りあげ，意見を述べさせるという方法。この際，司会役以外の面接官は一言も発言せず，判定・評価に専念する。

グループディスカッション（以下，GD）の時間は30～60分程度，1グループの人数は5～10人程度で，司会は面接官が行う場合や，時間を決めて学生が交替で行うことが多い。面接官は内容については特に指示することはなく，受験者がどのようにGDを進めるかを観察する。

評価のポイントは，全体的には理解力，表現力，指導性，積極性，協調性など，個別的には性格，知識，適性などが観察される。

GDの特色は，集団の中での個人ということで，受験者の能力がどの程度のものであるか，また，どのようなことに向いているかを判定できること。受験者は，グループの中における自分の位置を面接官に印象づけることが大切だ。

グループディスカッション方式の面接におけるチェックポイント

- ❏全体の中で適切な論点を提供できているかどうか。
- ❏問題解決に役立つ知識を持っているか，また提供できているかどうか。
- ❏もつれた議論を解きほぐし，的はずれの議論を元に引き戻す努力をしているかどうか。
- ❏グループ全体としての目標をいつも考えているかどうか。
- ❏感情的な対立や攻撃をしかけているようなことはないか。
- ❏他人の意見に耳を傾け，よい意見には賛意を表し，それを全体に推し広げようという寛大さがあるかどうか。
- ❏議論の流れを自然にリードするような主導性を持っているかどうか。
- ❏提出した意見が議論の進行に大きな影響を与えているかどうか。

04 面接時の注意点

●控え室

控え室には，指定された時間の15分前には入室しよう。そこで担当の係から，面接に際しての注意点や手順の説明が行われるので，疑問点は積極的に聞くようにし，心おきなく面接にのぞめるようにしておこう。会社によっては，所定のカードに必要事項を書き込ませたり，お互いに自己紹介をさせたりする場合もある。また，この控え室での行動も細かくチェックして，合否の資料にしている会社もある。

●入室・面接開始

係員がドアの開閉をしてくれる場合もあるが，それ以外は軽くノックして入室し，必ずドアを閉める。そして入口近くで軽く一礼し，面接官か補助員の「どうぞ」という指示で正面の席に進み，ここで再び一礼をする。そして，学校名と氏名を名のって静かに着席する。着席時は，軽く椅子にかけるようにする。

●面接終了と退室

面接の終了が告げられたら，椅子から立ち上がって一礼し，椅子をもとに戻して，面接官または係員の指示を受けて退室する。

その際も，ドアの前で面接官のほうを向いて頭を下げ，静かにドアを開閉する。控え室に戻ったら，係員の指示を受けて退社する。

05 面接試験の評定基準

●協調性

企業という「集団」では，他人との協調性が特に重視される。

感情や態度が円満で調和がとれていること，極端に好悪の情が激しくなく，物事の見方や考え方が穏健で中立であることなど，職場での人間関係を円滑に進めていくことのできる人物かどうかが評価される。

●話し方

外観印象的には，言語の明瞭さや応答の態度そのものがチェックされる。小さな声で自信のない発言，乱暴野卑な発言は減点になる。

考えをまとめたら，言葉を選んで話すくらいの余裕をもって，真剣に応答しようとする姿勢が重視される。軽率な応答をしたり，まして発言に矛盾を指摘されるような事態は極力避け，もしそのような状況になりそうなときは，自分の非を認めてはっきりと謝るような態度を示すべき。

●好感度

実社会においては，外観による第一印象が，人間関係や取引に大きく影響を及ぼす。

「フレッシュな爽やかさ」に加え，入社志望など，自分の意思や希望をより明確にすることで，強い信念に裏づけられた姿勢をアピールできるよう努力したい。

●判断力

何を質問されているのか，何を答えようとしているのか，常に冷静に判断していく必要がある。

●表現力

話に筋道が通り理路整然としているか，言いたいことが簡潔に言えるか，話し方に抑揚があり聞く者に感銘を与えるか，用語が適切でボキャブラリーが豊富かどうか。

●積極性

活動意欲があり，研究心旺盛であること，進んで物事に取り組み，創造的に解決しようとする意欲が感じられること，話し方にファイトや情熱が感じられること，など。

●計画性

見通しをもって順序よく合理的に仕事をする性格かどうか，またその能力の有無。企業の将来性のなかに，自分の将来をどうかみ合わせていこうとしているか，現在の自分を出発点として，何を考え，どんな仕事をしたいのか。

●安定性

情緒の安定は，社会生活に欠くことのできない要素。自分自身をよく知っているか，他の人に流されない信念をもっているか。

●誠実性

自分に対して忠実であろうとしているか，物事に対してどれだけ誠実な考え方をしているか。

●社会性

企業は集団活動なので，自分の考えに固執したり，不平不満が多い性格は向かない。柔軟で適応性があるかどうか。

清潔感や明朗さ，若々しさといった**外観面**も重視される。

06 面接試験の質問内容

1. 志望動機

受験先の概要や事業内容はしっかりと頭の中に入れておく。また，その企業の企業活動の社会的意義と，自分自身の志望動機との関連を明確にしておく。「安定している」「知名度がある」「将来性がある」といった利己的な動機，「自

分の性格に合っている」というような，あいまいな動機では説得力がない。安定性や将来性は，具体的にどのような企業努力によって支えられているのかという考察も必要だし，それに対する受験者自身の評価や共感なども問われる。

　①どうしてその業種なのか

　②どうしてその企業なのか

　③どうしてその職種なのか

　以上の①～③と，自分の性格や資質，専門などとの関連性を説明できるようにしておく。

　自分がどうしてその会社を選んだのか，どこに大きな魅力を感じたのかを，できるだけ具体的に，情熱をもって語ることが重要。自分の長所と仕事の適性を結びつけてアピールし，仕事のやりがいや仕事に対する興味を述べるのもよい。

■複数の企業を受験していることは言ってもいい？

　同じ職種，同じ業種で何社かかけもちしている場合，正直に答えてもかまわない。しかし，「第一志望はどこですか」というような質問に対して，正直に答えるべきかどうかというと，やはりこれは疑問がある。どんな会社でも，他社を第一志望にあげられれば，やはり愉快には思わない。

　また，職種や業種の異なる会社をいくつか受験する場合も同様で，極端に性格の違う会社をあげれば，その矛盾を突かれるのは必至だ。

2. 仕事に対する意識・職業観

　採用試験の段階では，次年度の配属予定が具体的に固まっていない会社もかなりある。具体的に職種や部署などを細分化して募集している場合は別だが，そうでない場合は，希望職種をあまり狭く限定しないほうが賢明。どの業界においても，採用後，新入社員には，研修としてその会社の各セクションをひと通り経験させる企業は珍しくない。そのうえで，具体的な配属計画を検討するのだ。

　大切なことは，就職や職業というものを，自分自身の生き方の中にどう位置づけるか，また，自分の生活の中で仕事とはどういう役割を果たすのかを考えてみること。つまり自分の能力を活かしたい，社会に貢献したい，自分の存在価値を社会的に実現してみたい，ある分野で何か自分の力を試してみたい……，などの場合を考え，それを自分自身の人生観，志望職種や業種などとの関係を考えて組み立ててみる。自分の人生観をもとに，それを自分の言葉で表現できるようにすることが大切。

3. 自己紹介・自己PR

性格そのものを簡単に変えたり，欠点を克服したりすることは実際には難しいが，“仕方がない”という姿勢を見せることは禁物で，どんなささいなことでも，努力している面をアピールする。また一般的にいって，専門職を除けば，就職時になんらかの資格や技能を要求する企業は少ない。

ただ，資格をもっていれば採用に有利とは限らないが，専門性を要する業種では考慮の対象とされるものもある。たとえば英検，簿記など。

企業が学生に要求しているのは，4年間の勉学を重ねた学生が，どのように仕事に有用であるかということで，学生の知識や学問そのものを聞くのが目的ではない。あくまで，社会人予備軍としての謙虚さと素直さを失わないようにする。

知識や学力よりも，その人の人間性，ビジネスマンとしての可能性を重視するからこそ，面接担当者は，学生生活全般について尋ねることで，書類だけでは分からない人間性を探ろうとする。

何かうち込んだものや思い出に残る経験などは，その人の人間的な成長になんらかの作用を及ぼしているものだ。どんな経験であっても，そこから受けた印象や教訓などは，明確に答えられるようにしておきたい。

4. 一般常識・時事問題

一般常識・時事問題については筆記試験の分野に属するが，面接でこうしたテーマがもち出されることも珍しくない。受験者がどれだけ社会問題に関心をもっているか，一般常識をもっているか，また物事の見方・考え方に偏りがないかなどを判定する。知識や教養だけではなく，一問一答の応答を通じて，その人の性格や適応能力まで判断されることになる。

07 面接に向けての事前準備

■面接試験1カ月前までには万全の準備をととのえる

●志望会社・職種の研究

新聞の経済欄や経済雑誌などのほか，会社年鑑，株式情報など書物による研究をしたり，インターネットにあがっている企業情報や，検索によりさまざまな角度から調べる。すでにその会社へ就職している先輩や知人に会って知識を得たり，大学のキャリアセンターへ情報を求めるなどして総合的に判断する。

■専攻科目の知識・卒論のテーマなどの整理

大学時代にどれだけ勉強してきたか，専攻科目や卒論のテーマなどを整理しておく。

■時事問題に対する準備

毎日欠かさず新聞を読む。志望する企業の話題は，就職ノートに整理するなどもアリ。

面接当日の必需品

- ❑必要書類（履歴書，卒業見込証明書，成績証明書，健康診断書，推薦状）
- ❑学生証
- ❑就職ノート（志望企業ファイル）
- ❑印鑑，朱肉
- ❑筆記用具（万年筆，ボールペン，サインペン，シャープペンなど）
- ❑手帳，ノート
- ❑地図（訪問先までの交通機関などをチェックしておく）
- ❑現金（小銭も用意しておく）
- ❑腕時計（オーソドックスなデザインのもの）
- ❑ハンカチ，ティッシュペーパー
- ❑くし，鏡（女性は化粧品セット）
- ❑シューズクリーナー
- ❑ストッキング
- ❑折りたたみ傘（天気予報をチェックしておく）
- ❑携帯電話，充電器

■一般常識試験

Point

社会人として企業活動を行ううえで最低限必要となる一般常識のほか，
英語，国語，社会(時事問題)，数学などの知識の程度を確認するもの。

　難易度はおおむね中学・高校の教科書レベル。一般常識の問題集を1冊やっ
ておけばよいが，業界によっては専門分野が出題されることもあるため，必ず
志望する企業のこれまでの試験内容は調べておく。

■一般常識試験の対策

・英語　慣れておくためにも，教科書を復習する，英字新聞を読むなど。

・国語　漢字，四字熟語，反対語，同音異義語，ことわざをチェック。

・時事問題　新聞や雑誌,テレビ,ネットニュースなどアンテナを張っておく。

■適性検査

　SPI（Synthetic Personality Inventory）試験（SPI3試験）とも呼ばれ，能力
テストと性格テストを合わせたもの。

　能力テストでは国語能力を測る「言語問題」と，数学能力を測る「非言語問題」
がある。言語的能力，知覚能力，数的能力のほか，思考・推理能力，記憶力，
注意力などの問題で構成されている。

　性格テストは「はい」か「いいえ」で答えていく。仕事上の適性と性格の傾向
などが一致しているかどうかをみる。

Point

SPIは職務への適応性を客観的にみるためのもの。

01 「論文」と「作文」

　一般に「論文」はあるテーマについて自分の意見を述べ，その論証をする文章で，必ず意見の主張とその論証という2つの部分で構成される。問題提起と論旨の展開，そして結論を書く。

　「作文」は，一般的には感想文に近いテーマ，たとえば「私の興味」「将来の夢」といったものがある。

　就職試験では「論文」と「作文」を合わせた"論作文"とでもいうようなものが出題されることが多い。

　論作文試験とは，「文章による面接」。テーマに書き手がどういう態度を持っているかを知ることが，出題の主な目的だ。受験者の知識・教養・人生観・社会観・職業観，そして将来への希望などが，どのような思考を経て，どう表現されているかによって，企業にとって，必要な人物かどうかを判断している。

　論作文の場合には，書き手の社会的意識や考え方に加え，「感銘を与える」働きが要求される。就職活動とは，企業に対し「自分をアピールすること」だということを常に念頭に置いておきたい。

Point

論文と作文の違い

	論　　文	作　　文
テーマ	学術的・社会的・国際的なテーマ。時事，経済問題など	個人的・主観的なテーマ。人生観，職業観など
表現	自分の意見や主張を明確に述べる。	自分の感想を述べる。
展開	四段型（起承転結）の展開が多い。	三段型（はじめに・本文・結び）の展開が多い。
文体	「だ調・である調」のスタイルが多い。	「です調・ます調」のスタイルが多い。

・テーマ

与えられた課題（テーマ）を，受験者はどのように理解しているか。

出題されたテーマの意義をよく考え，それに対する自分の意見や感情が，十分に整理されているかどうか。

・表現力

課題について本人が感じたり，考えたりしたことを，文章で的確に表しているか。

・字・用語・その他

かなづかいや送りがなが合っているか，文中で引用されている格言やことわざの類が使用法を間違えていないか，さらに誤字・脱字に至るまで，文章の基本的な力が受験者の人柄ともからんで厳密に判定される。

・オリジナリティ

魅力がある文章とは，オリジナリティを率直に出すこと。自分の感情や意見を，自分の言葉で表現する。

・生活態度

文章は，書き手の人格や人柄を映し出す。平素の社会的関心や他人との協調性，趣味や読書傾向はどうであるかといった，受験者の日常における生き方，生活態度がみられる。

・字の上手・下手

できるだけ読みやすい字を書く努力をする。また，制限字数より文章が長くなって原稿用紙の上下や左右の空欄に書き足したりすることは避ける。消しゴムで消す場合にも，丁寧に。

いずれの場合でも，表面的な文章力を問うているのではなく，受験者の人柄のほうを重視している。

実践編 マナーチェックリスト

就活において企業の人事担当は，面接試験やOG／OB訪問，そして面接試験において，あなたのマナーや言葉遣いといった，「常識力」をチェックしている。現在の自分はどのくらい「常識力」が身についているかをチェックリストで振りかえり，何ができて，何ができていないかを明確にしたうえで，今後の取り組みに生かしていこう。

評価基準　5：大変良い　4：やや良い　3：どちらともいえない　2：やや悪い　1：悪い

	項目	評価	メモ
挨拶	明るい笑顔と声で挨拶をしているか		
	相手を見て挨拶をしているか		
	相手より先に挨拶をしているか		
	お辞儀を伴った挨拶をしているか		
	直接の応対者でなくても挨拶をしているか		
表情	笑顔で応対しているか		
	表情に私的感情がでていないか		
	話しかけやすい表情をしているか		
	相手の話は真剣な顔で聞いているか		
身だしなみ	前髪は目にかかっていないか		
	髪型は乱れていないか／長い髪はまとめているか		
	髭の剃り残しはないか／化粧は健康的か		
	服は汚れていないか／清潔に手入れされているか		
	機能的で職業・立場に相応しい服装をしているか		
	華美なアクセサリーはつけていないか		
	爪は伸びていないか		
	靴下の色は適当か／ストッキングの色は自然な肌色か		
	靴の手入れは行き届いているか		
	ポケットに物を詰めすぎていないか		

	項　目	評　価	メ　モ
言葉遣い	専門用語を使わず，相手にわかる言葉で話しているか		
	状況や相手に相応しい敬語を正しく使っているか		
	相手の聞き取りやすい音量・速度で話しているか		
	語尾まで丁寧に話しているか		
	気になる言葉癖はないか		
動作	物の授受は両手で丁寧に実施しているか		
	案内・指し示し動作は適切か		
	キビキビとした動作を心がけているか		
心構え	勤務時間・指定時間の５分前には準備が完了しているか		
	心身ともに健康管理をしているか		
	仕事とプライベートの切替えができているか		

☑ 常に自己点検をするクセをつけよう

「人を表情やしぐさ，身だしなみなどの見かけで判断してはいけない」と一般にいわれている。確かに，人の個性は見かけだけではなく，内面においても見いだされるもの。しかし，私たちは人を第一印象である程度決めてしまう傾向がある。それが面接試験など初対面の場合であればなおさらだ。したがって，チェックリストにあるような挨拶，表情，身だしなみ等に注意して面接試験に臨むことはとても重要だ。ただ，これらは面接試験前にちょっと対策したからといって身につくようなものではない。付け焼き刃的な対策をして面接試験に臨んでも，面接官はあっという間に見抜いてしまう。日頃からチェックリストにあるような項目を意識しながら行動することが大事であり，そうすることで，最初はぎこちない挨拶や表情等も，その人の個性に応じたすばらしい所作へ変わっていくことができるのだ。さっそく，本日から実行してみよう。

面接試験において，印象を決定づける表情はとても大事。
どのようにすれば感じのいい表情ができるのか，ポイントを確認していこう。

明るく,温和で柔らかな表情をつくろう

人間関係の潤滑油

表情に関しては，まずは豊かであるということがベースになってくる。うれしい表情，困った表情，驚いた表情など，さまざまな気持ちを表現できるということが，人間関係を潤いのあるものにしていく。

Point

表情はコミュニケーションの大前提。相手に「いつでも話しかけてくださいね」という無言の言葉を発しているのが，就活に求められる表情だ。面接官が安心してコミュニケーションをとろうと思ってくれる表情。それが，明るく，温和で柔らかな表情となる。

いますぐデキる
カンタンTraining

Training 01

喜怒哀楽を表してみよう

- 人との出会いを楽しいと思うことが表情の基本
- 表情を豊かにする大前提は相手の気持ちに寄り添うこと
- 目元・口元だけでなく，眉の動きを意識することが大事

Training 02

表情筋のストレッチをしよう

- 表情筋は「ウイスキー」の発音によって鍛える
- 意識して毎日，取り組んでみよう
- 笑顔の共有によって相手との距離が縮まっていく

STEP 2　挨拶

コミュニケーションは挨拶から始まり，その挨拶ひとつで印象は変わるもの。
ポイントを確認していこう。

丁寧にしっかりと
はっきり挨拶をしよう

人間関係の第一歩

挨拶は心を開いて，相手に近づくコ
ミュニケーションの第一歩。たかが
挨拶，されど挨拶の重要性をわきま
えて，きちんとした挨拶をしよう。形，
つまり"技"も大事だが，心をこめ
ることが最も重要だ。

Point

　挨拶はコミュニケーションの第一歩。相手が挨拶するのを待っているの
は望ましくない。挨拶の際のポイントは丁寧であることと，はっきり声に出
すことの2つ。丁寧な挨拶は，相手を大事にして迎えている気持ちの表れ
となる。はっきり声に出すことで，これもきちんと相手を迎えていることが
伝わる。また，相手もその応答として挨拶してくれることで，会ってすぐに
双方向のコミュニケーションが成立する。

いますぐデキる
カンタンTraining

Training 01

3つのお辞儀をマスターしよう

① 会釈（15度）　　　② 敬礼（30度）　　　③ 最敬礼（45度）

・息を吸うことを意識してお辞儀をするとキレイな姿勢に
・目線は真下ではなく，床前方1.5m先ぐらいを見よう
・相手への敬意を忘れずに

Training 02

対面時は言葉が先，お辞儀が後

・相手に体を向けて先に自ら挨拶をする
・挨拶時，相手とアイコンタクトを
　しっかり取ろう
・挨拶の後に，お辞儀をする。
　これを「語先後礼」という

コミュニケーションは「話す」よりも「聞く」ことといわれる。相手が話しやすい聞き方の，ポイントを確認しよう。

受容の立場で
傾聴しよう

相手の話を受けとめる

話を聞くときは，やや前に傾く姿勢をとる。表情と姿勢が合わさることにより，話し手の心が開き「あれも，これも話そう」という気持ちになっていく。また，「はい」と一度のお辞儀で頷くと相手の話を受け止めているというメッセージにつながる。

Point

　話をすること，話を聞いてもらうことは誰にとってもプレッシャーを伴うもの。そのため，「何でも話して良いんですよ」「何でも話を聞きますよ」「心配しなくて良いんですよ」という気持ちで聞くことが大切になる。その気持ちが聞く姿勢に表れれば，相手は安心して話してくれる。

いますぐデキる
カンタンTraining

Training **01**

頷きは一度で

- ・相手が話した後に「はい」と
  一言発する
- ・頷きすぎは逆効果

Training **02**

目線は自然に

- ・鼻の付け根あたりを見ると
  自然な印象に
- ・目を見つめすぎるのはＮＧ

Training **03**

話の句読点で視線を移す

- ・視線は話している人を見ることが基本
- ・複数の人の話を聞くときは句読点を意識し，
  視線を振り分けることで聞く姿勢を表す

就職活動のはじめかた　213

伝わる話し方

自分の意思を相手に明確に伝えるためには，話し方が重要となる。はっきりと的確に話すためのポイントを確認しよう。

明るい発声を
心がけよう

ボリュームを意識して

話すときのポイントとしては，ボリュームを意識することが挙げられる。会議室の一番奥にいる人に声が届くように意識することで，声のボリュームはコントロールされていく。

Point

コミュニケーションとは「伝達」すること。どのようなことも，適当に伝えるのではなく，伝えるべきことがきちんと相手に届くことが大切になる。そのためには，はっきりと，分かりやすく，丁寧に，心を込めて話すこと。言葉だけでなく，表情やジェスチャーを加えることも有効。

カンタンTraining

いますぐデキる

Training **01**

腹式呼吸で発声練習

- ・「あえいうえおあお」と発声する
- ・腹式呼吸は，胸部をなるべく動かさずに，息を吸うときにお腹や腰が膨らむよう意識する呼吸法

Training **02**

早口言葉にチャレンジ

おあやや
母親に
お謝り

- ・「おあやや，母親に，お謝り」と早口で
- ・口がすぼまった「お」と口が開いた「あ」の発音に，変化をつけられるかがポイント

Training **03**

ジェスチャーを有効活用

- ・腰より上でジェスチャーをする
- ・体から離した位置に手をもっていく
- ・ジェスチャーをしたら戻すところをさだめておく

STEP 5 　身だしなみ

身だしなみはその人自身を表すもの。身だしなみの基本について，ポイントを
確認しよう。

清潔感,さわやかさを
醸し出せるようにしよう

プロの企業人に
ふさわしい身だしなみを

信頼感，安心感をもたれる身だしな
みを考えよう。TPOに合わせた服装は，
すなわち"礼"を表している。そして，
身だしなみには、「清潔感」、「品のよさ」、
「控え目である」 という、3つのポイ
ントがある。

Point

相手との心理的な距離や物理的な距離が遠ければ，コミュニケーションは
成立しにくくなる。見た目が不潔では誰も近付いてこない。身だしなみが
清潔であること，爽やかであることは相手との距離を縮めることにも繋がる。

いますぐデキる
カンタンTraining

Training 01

髪型，服装を整えよう

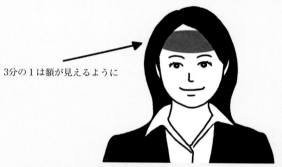

3分の1は額が見えるように

- 男性も女性も眉が見える髪型が望ましい。3分の1は額が見えるように。額は知性と清潔感を伝える場所。男性の髪の長さは耳や襟にかからないように
- スーツで相手の前に立つときは，ボタンはすべて留める。男性の場合は下のボタンは外す

Training 02

おしゃれとの違いを明確に

- 爪はできるだけ切りそろえる
- 爪の中の汚れにも注意
- ジェルネイル，ネイルアートはNG

Training 03

足元にも気を配って

- 女性の場合はパンプス，男性の場合は黒の紐靴が望ましい
- 靴はこまめに汚れを落とし見栄えよく

姿勢にはその人の意欲が反映される。前向き，活動的な姿勢を表すにはどうしたらよいか，ポイントを確認しよう。

前向き,活動的な 姿勢を維持しよう

一直線と左右対称

正しい立ち姿として，耳，肩，腰，くるぶしを結んだ線が一直線に並んでいることが最大のポイントになる。そのラインが直線に近づくほど立ち姿がキレイに整っていることになる。また，"左右対称"というのもキレイな姿勢の要素のひとつになる。

Point

　姿勢は，身体と心の状態を反映するもの。そのため，良い姿勢でいることは，印象が清々しいだけでなく，健康で元気そうに見え，話しかけやすさにも繋がる。歩く姿勢，立つ姿勢，座る姿勢など，どの場面にも心身の健康状態が表れるもの。日頃から心身の健康状態に気を配り，フィジカルとメンタル両面の自己管理を心がけよう。

いますぐデキる
カンタンTraining

Training **01**

キレイな歩き方を心がけよう

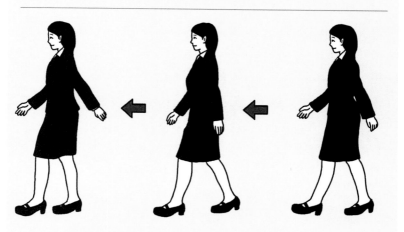

- 女性は1本の線上を，男性はそれよりも太い線上を沿うように歩く
- 一歩踏み出したときに前の足に体重を乗せるように，腰から動く
- 12時の方向につま先をもっていく

Training **02**

前向きな気持ちを持とう

- 常に前向きな気持ちが姿勢を正す
- ポジティブ思考を心がけよう

● 情報提供のお願い ●

　就職活動研究会では，就職活動に関する情報を募集しています。

　エントリーシートやグループディスカッション，面接，筆記試験の内容等について情報をお寄せください。ご応募はメールアドレス（edit@kyodo-s.jp）へお願いいたします。お送りくださいました方々には薄謝をさしあげます。

　ご協力よろしくお願いいたします。

会社別就活ハンドブックシリーズ

旭化成グループの
就活ハンドブック

編　者	就職活動研究会
発　行	令和 6 年 2 月 25 日
発行者	小貫輝雄
発行所	協同出版株式会社

〒 101 − 0054
東京都千代田区神田錦町 2 − 5
電話　03 − 3295 − 1341
振替　東京00190 − 4 − 94061

印刷所　協同出版・POD 工場

落丁・乱丁はお取り替えいたします

●2025年度版●
会社別就活ハンドブックシリーズ
【全111点】

運　輸

東日本旅客鉄道の就活ハンドブック

東海旅客鉄道の就活ハンドブック

西日本旅客鉄道の就活ハンドブック

東京地下鉄の就活ハンドブック

小田急電鉄の就活ハンドブック

阪急阪神 HD の就活ハンドブック

商船三井の就活ハンドブック

日本郵船の就活ハンドブック

機　械

三菱重工業の就活ハンドブック

川崎重工業の就活ハンドブック

IHI の就活ハンドブック

島津製作所の就活ハンドブック

浜松ホトニクスの就活ハンドブック

村田製作所の就活ハンドブック

クボタの就活ハンドブック

金　融

三菱 UFJ 銀行の就活ハンドブック

三菱 UFJ 信託銀行の就活ハンドブック

みずほ FG の就活ハンドブック

三井住友銀行の就活ハンドブック

三井住友信託銀行の就活ハンドブック

野村證券の就活ハンドブック

りそなグループの就活ハンドブック

ふくおか FG の就活ハンドブック

日本政策投資銀行の就活ハンドブック

建設・不動産

三菱地所の就活ハンドブック

三井不動産の就活ハンドブック

積水ハウスの就活ハンドブック

大和ハウス工業の就活ハンドブック

鹿島建設の就活ハンドブック

大成建設の就活ハンドブック

清水建設の就活ハンドブック

資源・素材

旭旭化成グループの就活ハンドブック

東レの就活ハンドブック

ワコールの就活ハンドブック

関西電力の就活ハンドブック

日本製鉄の就活ハンドブック

中部電力の就活ハンドブック

九州電力の就活ハンドブック

自動車

トヨタ自動車の就活ハンドブック

本田技研工業の就活ハンドブック

デンソーの就活ハンドブック

日産自動車の就活ハンドブック

商　社

三菱商事の就活ハンドブック

住友商事の就活ハンドブック

丸紅の就活ハンドブック

三井物産の就活ハンドブック

伊藤忠商事の就活ハンドブック

双日の就活ハンドブック

豊田通商の就活ハンドブック

情報通信・IT

NTT データの就活ハンドブック

NTT ドコモの就活ハンドブック

野村総合研究所の就活ハンドブック

日本電信電話の就活ハンドブック

KDDI の就活ハンドブック

ソフトバンクの就活ハンドブック

楽天の就活ハンドブック

mixi の就活ハンドブック

グリーの就活ハンドブック

サイバーエージェントの就活ハンドブック

LINE ヤフーの就活ハンドブック

SCSK の就活ハンドブック

富士ソフトの就活ハンドブック

日本オラクルの就活ハンドブック

GMO インターネットグループ

オービックの就活ハンドブック

DTS の就活ハンドブック

TIS の就活ハンドブック

食品・飲料

サントリー HD の就活ハンドブック

味の素の就活ハンドブック

キリン HD の就活ハンドブック

アサヒグループ HD の就活ハンドブック

日本たばこ産業 の就活ハンドブック

日清食品グループの就活ハンドブック

山崎製パンの就活ハンドブック

キユーピーの就活ハンドブック

生活用品

資生堂の就活ハンドブック

花王の就活ハンドブック

武田薬品工業の就活ハンドブック

電気機器

三菱電機の就活ハンドブック	パナソニックの就活ハンドブック
ダイキン工業の就活ハンドブック	富士通の就活ハンドブック
ソニーの就活ハンドブック	キヤノンの就活ハンドブック
日立製作所の就活ハンドブック	京セラの就活ハンドブック
ＮＥＣの就活ハンドブック	オムロンの就活ハンドブック
富士フイルム HD の就活ハンドブック	キーエンスの就活ハンドブック

保　険

東京海上日動火災保険の就活ハンドブック	三井住友海上火災保険の就活ハンドブック
第一生命ホールディングスの就活ハンドブック	損保ジャパンの就活ハンドブック

メディア

日本印刷の就活ハンドブック	エイベックスの就活ハンドブック
博報堂 DY の就活ハンドブック	東宝の就活ハンドブック
TOPPAN ホールディングスの就活ハンドブック	

流通・小売

ニトリ HD の就活ハンドブック	ZOZO の就活ハンドブック
イオンの就活ハンドブック	

エンタメ・レジャー

オリエンタルランドの就活ハンドブック	任天堂の就活ハンドブック
アシックスの就活ハンドブック	カプコンの就活ハンドブック
バンダイナムコ HD の就活ハンドブック	セガサミー HD の就活ハンドブック
コナミグループの就活ハンドブック	タカラトミーの就活ハンドブック
スクウェア・エニックス HD の就活ハンドブック	

▼会社別就活ハンドブックシリーズにつきましては，協同出版のホームページからもご注文ができます。詳細は下記のサイトでご確認下さい。

https://kyodo-s.jp/examination_company